作文授業づくり・新生面の開拓

多様な作文ジャンルの活用と新題材の開発

大内 善一

溪水社

まえがき

子どもたちが喜んで楽しく書く（作文）活動に取り組んでいくことの出来る授業を創り出したいと願ってきました。子どもたちが自ら進んで書く活動に集中せざるを得ないような授業、思考を集中せざるを得ないような授業を創っていきたいと考えてきました。

そのためには、子どもの思考の枠組みに沿って子ども本来の豊かな発想を活かしていかなければならないと訴えてきたのです。

私は、国公立の小・中学校の教員を経て三十代の終わりに大学の教員になりました。以来、今日まで四十数年間、継続的に作文教育の改革を目指して研究に取り組んでまいりました。

取り組んできた研究の枠組みとしては、通時的なものと共時的なものに据えてきました。言い換えれば、歴史的な研究と今現在行われている作文授業実践に関する研究です。

実際に私が取り組んできたのは、昭和の戦前期から戦後期にかけての綴り方・作文教育の歴史に関する研究と作文授業づくりに資する実践理論を創り出す研究でした。

作文授業づくりに資する実践理論を創り出すために、教室における優れた実践事例を掘り起こす作業を行ってまいりました。そのために、作文授業に関する実践書には隈無く目を通してまいりました。社会の要請や大人の思考の枠組みに囚われた考え方からでも、海外からの直輸入の理論からでもなく、教室における優れた実践事例に学んだ作文授業づくりの実践理論を創り上げていくことが私の変わらぬ願いだったからです。

標題に掲げた「作文授業づくり・新生面の開拓」は、これまで私が様々な機会に繰り返し訴えてきた提案です。〈新生面の開拓〉とは、子どもの思考の枠組みに沿って、子ども本来の豊かな発想を活かした作文授業を創り出すことです。

〈新生面の開拓〉には、〔多様な作文ジャンルの活用〕及び〔新題材の開発〕の二方面が含まれます。

この二方面に関する考察については、かつて、拙著『思考を鍛える作文授業づくり―作文授業改革への提言』（一九九四年六月、明治図書）、『作文授業づくりの到達点と課題』（一九九六年十月、東京書籍）の二著において行っています。

今回は、これらの考察を踏まえそれをさらに発展させた提案を行いました。

まず、〔多様な作文ジャンルの活用〕の前提として、いわゆる「生活文」に代表される散文中心の作文ジャンルだけでなく、詩や俳句・短歌などの韻文も広く活用していきたいという提案を行っています。

近年、論理的思考の陶冶を図るために論理言語を重視する論調が見られるようになりました。こうした論調は、これまでの「生活文」を中心とした作文授業づくりの行き方と比べて大きな前進と言えます。

私自身も、先に掲げました拙著の中で記録文・報告文・説明文・意見文などの伝達性や論理性に富んだ書くこと〔作文〕の授業づくりの提案を行ってまいりました。

一方、こうした作文ジャンルの他に、言葉遊び作文や書き替え作文、コピー作文、カルタ作り作文といったゲーム的な要素や空想的な要素を加味した作文ジャンルについても、実際に教室で行われている実践事例を取り上げながら提案を行ってまいりました。遊びや空想・想像的な要素を備えた作文ジャンルを取り上げ、言葉を想像力豊かに駆使させることで創造的な思考の陶冶を図ることを目指したいと考えたからです。

このように、論理的思考の陶冶を図るための論理言語と創造的思考の陶冶を図るための文学言語（＝詩的言語）の両面から多様な作文ジャンルの開拓を行っていくべきなのです。

私はこの論理言語と文学言語の両面から開拓された多様な作文ジャンルによって陶冶される思考を《修辞的思考》という概念で表したいと考えています。修辞的思考という用語を平易な言葉に言い換えると、それは、情理を尽くして考えを巡らすことと言ってもよいと思います。

情理とは、言い換えれば文学言語と論理言語のことです。したがって、情理を尽くすとは、文字通り、相手の気持ちをくみ取りかつ筋道を立てて考えを巡らすこととなります。

《修辞的思考》、すなわち情理を尽くして考えを巡らすこととは、柔軟でしなやかな思考のことです。これこそが子ども本来の豊かな発想を活かしていくことの出来る思考と言えます。

多様な作文ジャンルを活用することで豊かな表現力を育み柔軟でしなやかな思考を陶冶していかなければならないのです。

そのために、今回は、多様な作文ジャンルの一角を担っている詩・俳句・短歌などの〈韻文〉分野の創作学習に重点をおいた作文授業づくりを積極的に提案しました。

〈散文〉分野では、手紙文や物語、鑑賞文、批評文などのジャンルによる授業づくりの提案もあります。勿論、手紙文といっても、社会一般からの要請に沿った手紙文の書式の指導を行おうとするものではありません。手紙文の書式には囚われることなく、手紙の持つ機能面を活かすこと、その活かし方には一ひねり工夫の凝らされた実践事例が取り上げられています。

その他に、特殊ジャンルの授業づくりや、ジャンルの変換を加えた授業づくりの提案も行っています。

各章ごとにみていきますと、次のように分類されます。勿論、複数の項目への重複もあります。

① 詩・俳句・短歌などの創作学習の授業

第二章〔一行詩〕、第六章〔フィクション俳句〕、第七章〔フォト俳句〕、第八章〔短歌〕、第九章〔パロディ短歌〕、第十章〔虚構の詩〕、第十一章〔連詩〕、第十二章〔方言詩〕

② 手紙文、物語、鑑賞文、批評文などの創作学習

第三章〔恋文〕、第四章〔物語じたての行事作文〕、第五章〔俳句物語〕、第十三章〔鑑賞文・批評文〕

③ 特殊ジャンル、ジャンルの変換による創作学習

第一章〔コピー作文〕、第二章〔一行詩〕、第五章〔俳句物語〕、第六章〔フィクション俳句〕、第七章〔フォト俳句〕、第十二章〔方言詩〕、第十三章〔鑑賞文・批評文〕

次に、〔新題材の開発〕の前提として、子どもの思考の枠組みに沿って、子ども本来の豊かな発想を活かすことの出来るような題材の開発が求められているということです。

そのためには、子どもたちが喜んで楽しく書く活動に取り組みながら思考力や表現力が高められていくような題材の開発が必要になります。自ら進んで書く活動に集中し思考を集中せざるを得ないような題材の開発が求められます。

このような〔新題材の開発〕がなされている作文授業を次のような章にみることが出来ます。

④　新題材の開発

第一章〔コピー作文〕、第二章〔一行詩〕、第三章〔恋文〕、第五章〔俳句物語〕、第六章〔フィクション俳句〕、第七章〔フォト俳句〕、第八章〔「伝記的事実」の題材化〕、第九章〔パロディ短歌〕、第十章〔虚構の詩〕、第十一章〔連詩〕、第十二章〔方言詩〕、第十三章〔鑑賞文・批評文〕

これらの〔多様な作文ジャンル〕と〔新題材の開発〕という二方面を活かすためには、月並みな指導過程でなく子どもたちが喜んで楽しく書く活動に取り組んでいけるような変化に富んだ工夫された学習指導過程・指導方法が欠かせません。

各章で取り上げられている実践事例には、当然、変化に富んだ工夫された学習指導過程・指導方法が採られています。

こうした変化に富んだ工夫された学習指導過程・指導方法として、本書では、独自にもう一つの重要な提案を行いました。これまでの作文学習では、子どもたちの書く活動が〈個〉に埋没しがちでした。これを学級という学習生活の場を活かして〈双方向〉での書く活動に転換したいという提案を行いました。それが〈双方向型作文学習〉という学習指導過程・指導方法の提案です。次の章でその提案を行っています。

⑤　双方向型作文学習

第十一章〔連詩〕、第十四章〔双方向型作文学習〕

なお、この双方向型作文学習についても、かつて拙著『「伝え合う力」を育てる双方向型作文学習の創造』（二〇〇一年一月、明治図書）において詳しい提案を行っています。しかし、この著作は現在絶版となっています。この提案は、これからの作文授業づくりにおいてもなお重要な意義を有するものと考えていますので、改めて本書においても取り上げることにしました。

本書には、私が年来考察を加え提案を行ってきた作文授業づくりに関する願いが込められています。私の作文授業づくりに関する願いには、「誰にでも出来る」という考え方は含まれていません。易きに付くという考え方には与しないからです。教師は授業づくりに労を惜しんではならないと思います。子どもたちのために、工夫して授業を創り出すことに力を尽くしていくべきです。多少の困難はあっても、少し手を延ばして努力すれば創り出すことが可能な作文授業づくりを目指していきたいと願っています。

二〇二〇年一月から世界中に蔓延し始めた新型コロナ感染症によって、学会や研究会などの対外的な活動の一切が制限されることになりました。私も在宅を余儀なくされた日々の中で細々と二つの研究を進めてまいりました。その一つを本書のような形でまとめさせて頂くことになりました。

本書を国語科作文授業づくりに関して、お一人でも多くの方々のお役に立てて頂ければ筆者にとりましてこれに過ぎる喜びはございません。読者の皆様からの御意見・御批判を頂ければ幸いに存じます。

二〇二二（令和四）年七月三十一日

大内善一

目次

まえがき …… i

一 「コピー作文」の授業づくり …… 3
1 「コピー作文」提唱に至る背景 3
2 「コピー」は説得的・創造的表現です 5
3 広告・宣伝コピー表現の基本原則 7
4 「コピー作文」に関する先行研究・実践事例 12
5 大学での「コピー作文」の授業 14
6 「コピー作文」の授業づくりの実際 17
7 「コピー作文」の授業づくりの意義 19

ストップモーション方式による授業記録 京野真樹教諭による「コピー作文」の授業
「竿灯の見どころはココだ！ ―竿灯おすすめポイントをコピー作文で―」（小三・国語） …… 22

二 「一行詩」アラカルト作文の授業 …… 35
1 コピー感覚で「一行詩」作文 35
2 「ナンセンス一行詩」の実践から 37
3 「父よ母よ」から「息子よ娘よ」へ 40

4 「一行詩」アラカルト作文の意義 43
三 虚構の要素を取り入れた「手紙文」作文
―「恋文」は死語ではなかった！― 44
1 「手紙文」作文の新生面 44
2 「恋文」は死語ではなかった！ 45
3 「恋文にお断りの返事を」という実践 47
4 虚構という要素を取り入れる 51
5 虚構の要素を取り入れた手紙文作文の意義 53
四 「行事作文」の授業づくり 54
1 行事作文のメリット・デメリット 54
2 「物語じたて」の行事作文 55
3 俳句・短歌でつづる行事作文 59
4 「物語じたて」「俳句・短歌でつづる」行事作文の意義 62
五 俳句から物語を作る作文の授業
―「俳句物語」づくり― 64
1 「子ども俳句」の教材化 64
2 単元「俳句の国からの贈りもの」
―「天国はもう秋ですかお父さん」― 66

3 「俳句から物語を作る作文の授業」の意義 70
ストップモーション方式による授業記録 大内善一氏による「書き替え作文」の授業
単元「俳句の国からの贈りもの—『天国はもう秋ですかお父さん』—」（小五・国語）……72
六 フィクション俳句づくりの授業……82
1 作文ジャンルの変換 82
2 「物語を読んで俳句を作る」授業
—「物語俳句」づくり— 83
3 「小倉付」の方法で俳句を作る
—「他者のことば」を介入させて— 90
4 フィクション俳句づくりの意義 95
七 「フォト俳句」づくりの授業……96
1 写真映像による題材の限定 96
2 単元「デジカメフォト映像から俳句を創ろう—『秋風がめくる心の一ページ』—」 98
3 「フォト俳句」づくりの授業の意義 105
八 小学校全学年での短歌づくりの授業
—「だれにでも易しい」短歌づくりの証明—……106
1 小学校全学年で行われた短歌づくりの実践 106
2 小学一年生が「ルンルン」と短歌を作った 107

3　他者の「伝記的事実」の教材化による題材の掘り起こし
　―他者の生活・人生に自分の生活実感や願いを投影させる―　115
4　短歌創作学習の参考教材としての「歌集『小さな歌人たち』」　123
5　小学校全学年での短歌づくりの授業の意義　126
九　「パロディ短歌」づくりの授業……128
1　「百人一首」からパロディ短歌を作る　128
2　「近代短歌」からパロディ短歌を作る　131
3　「パロディ短歌」づくりの指導の意義　133
十　「虚構の詩」づくりの授業……134
1　「虚構の詩」づくり　134
2　「ウソの中の真実」　135
3　「虚構の詩」づくりの授業の実際　136
4　「虚構の詩」づくりの授業の意義　142
十一　「連詩」づくりの授業……143
1　「連詩」とは何か　144
2　単元「連詩に挑戦」の構想
　―想像の翼を広げて共同で詩を創ろう―　146
3　「連詩」づくりの模擬授業の実際　148

4 「連詩」づくりの授業の意義 155
十二 「方言詩」づくりの授業 …… 156
1 「表情豊かな方言」で詩を作ろう 156
2 「方言詩」づくりの授業 158
3 全国の大学の教員に「単元 方言詩を書こう」の実践を依頼する 160
4 「方言詩」づくりの授業の意義 165
十三 「鑑賞文」と「批評文」を書くことの指導にどう対応するか …… 166
1 学習指導要領における「鑑賞」と「批評」という用語の位置づけ 166
2 「鑑賞」及び「批評」という用語の概念規定 168
3 「鑑賞」活動と「批評」活動との区別 173
4 「鑑賞文」指導の先行実践事例 176
5 文章ジャンルの変換による「鑑賞文」指導の提案 180
6 「批評文」を書くことの指導に関する先行実践事例 185
7 情理を尽くして「批評文」を書くことの指導の提案 190
8 「鑑賞文」及び「批評文」を書くことの指導の意義 199
ストップモーション方式による授業記録
中村麻里那教諭による「批評文を書く」授業
単元「写真メディアの批評文を書く—写真コンクールの審査員になろう—」(中三・国語) …… 200

十四　双方向型作文学習の授業づくり……213
1　双方向型作文学習の構想　213
2　現在の作文学習指導に見られる〈双方向型〉の指導事例
—リレー形式で〈お話〉や〈意見文〉を書く学習—　214
3　従来型の作文学習を双方向型に変える
—四コマ漫画をリレー形式で〈お話〉に書き替える—　219
4　双方向型作文学習の創造
—「ラジオドラマのシナリオ」づくりで双方向型作文学習—　224
5　双方向型作文学習の意義　231
あとがき……233

作文授業づくり・新生面の開拓

～多様な作文ジャンルの活用と新題材の開発～

一　「コピー作文」の授業づくり

1　「コピー作文」提唱に至る背景

私は、かつて「コピー作文」という新しい作文指導の方法を提案しました。

初めて公に提案を行ったのは、「説得するために書く作文の授業―宣伝・広告文（コピー）づくり―」（『実践国語研究』No135、一九九四年三月）と題した論考においてでした。「コピー作文の授業づくり―『コピー』は説得的・創造的表現である―」（『授業づくりネットワーク』No96、一九九五年七月号）と題した論考も書きました。

その後、小・中学校の先生方と共に、「コピー作文」の実践事例を紹介させて頂きました。拙編著『新しい作文授業　コピー作文がおもしろい』（一九九七年七月、学事出版）、拙編著『コピー作文の授業づくり―新題材38の開発』（『実践国語研究別冊』No180、一九九八年一月、明治図書）という二冊が刊行されました。

これらの論考や著書において私は、「コピー作文」を学校作文の新しいジャンルに位置づける提案を行ったのです。コピー作文の意義や授業づくりの実際についても詳しい提案を行いました。

やがて、コピー作文の授業は小・中学校だけでなく、高等学校も含めて全国各地で実践されるようになりました。

「コピー」という用語には、①「写し。複製。模造。」という意味と、②「広告の文案」（『福武国語辞典』による）という意味があります。「コピー作文」という場合には、勿論、後者の意味を採ります。つまり、「コピー」を「広告文」「宣伝文」と言い換えてもよいのです。

ところが、「コピー」が「広告文」「宣伝文」としてでなく、「写し。複製。模造。」の意味で取り上げられ、それが「表現教育」を論じる論文の中で取り上げられているので事は厄介です。その事例をみておきましょう。

論者の氏名は伏せますが、次のような主張が述べられています。

> 現代はまさにコピー時代である。機械によるコピーは猛威をふるっている。手書き愛好者でさえ、機械コピーを無視することはできない。本来コピーは非表現である。人間の行為としては、低レベルのものである。
>
> （中　略）
>
> コピーはメッセージではない。メッセージは表現だが、その表現をコピーするのは機械の役目で、人間の仕事ではあり得ない。メッセージとコピーは従って、質を異にする。しかし、世の中がコピー現象にうかれていくうちに、人易きにつくから、コピー的発想に頼り、いつの間にかメッセージさえ、一つの型におちいろうとする。

「コピー」という用語は、確かに多くの国語辞典では、①「写し。複製。模造。」の意味が先頭にきていて、②か③番目に「広告の文章」とか「広告文。宣伝文句。」という意味が記載されています。

そのため、右の論者は、「コピー」を①番目の「写し。複製。模造。」の意味として取り上げたのでしょう。この①番目の意味に採れば、「コピー」は、確かに論者が指摘するように「非表現」としての存在です。作文の授業づくりとは無縁のものです。

しかし、「広告文」「宣伝文」としての「コピー」は、これと全く正反対の極めて創造的な表現です。このように、「コピー」という用語は、非創造的と創造的との全く正反対の意味を併せて内包しています。そして、時に右のような形でその非表現・非創造的な意味が取り上げられて否定されてきました。これは、創造的な意味をも内包する「コピー」という用語にとっては大変不名誉な事態といえます。

願わくは、右の論文でも、「広告文」「宣伝文」としての「コピー」表現について取り上げ、一般的な文章とは異なる独自の創造的な側面をも併せ持っていることに関して論じて欲しかったものです。

ともあれ、こうした紛らわしさが「コピー」づくりを作文授業に取り入れようとしなかった一つの理由と考えてもよいでしょう。このような事態は、作文の授業づくりにとって大変不幸なことでした。

「広告文」「宣伝文」としての「コピー」の表現には、作文授業づくりにとって極めて大きな意義があります。本章では、その意義と実際の指導方法について詳しく述べていくことにします。

2　「コピー」は説得的・創造的表現です

広告文・宣伝文としてのコピーを「詩」と同一次元で論じたのは、一般意味論学者のS・I・ハヤカワです。ハヤカワは、『思考と行動における言語』（大久保忠利訳、原書第四版、一九八五年二月、岩波書店）の中で「詩と広告」について論じ、両者の最も大切な類似点として「日常の経験の細目に特別の意味づけをしようとする点」を挙げています。

ハヤカワは、コピーライターの仕事について次のように述べています。

> コピーライターは一個の石鹸として「それだけのもの」にとどめておけない。商品が何であろうと、コピーライターは、詩人のように、それに意味をこめなければならない、そのものを超えた何かの象徴になるようにー。たとえば、家庭の幸福の象徴（ヴァン・キャンプの豚肉入り煮豆罐詰のように）、荒々しい男らしさの象徴（マルボロ・タバコのように）、アメリカの伝統的な倫理の象徴（ロッグ・キャビン・シロップのように）。たとえ歯磨であろうとタイヤであろうと、オープン・カーであろうとコーラであろうと、コピーライターの仕事は消費財を詩化するところにある。
> （二六七頁）

ハヤカワは、コピーライターの仕事が「経験の対象を、それを超えた何かを象徴するものにしようと努力する」点において、詩人の詩作に共通している点を明らかにしたのです。

わが国において広告文・宣伝文のコピーとしての意義について論じたのは、文章心理学者の波多野完治です。波多野は「広告文の心理学」（『経営心理学講座』第四巻、一九六三年一月、ダイヤモンド社、『文章心理学大系4最近の文章心理学』一九六五年四月、大日本図書、所収）という論文の中で次のように述べています。

> 広告またはＰＲの特性は「実物の不存在において、実物への欲求をおこさせ、または実物への行動をとらせる」点にある、といえるだろう。
> 最大のＰＲは、なんといっても、実物である。だから、実物を見せ、つかってみてもらうことが大切で、薬のようなものは、そのために「試薬」のような特別の方法が開拓されたのだが、他の多くの実物では、いつもそうはいかない。
> だから、実物を見せるよりも、ことばで実物どおりのことを「えがいて」みせることがたいせつになる。

これが広告におけるイメージづくりである。（二四六頁）

波多野は、まず広告・宣伝コピーの特性が「実物の不存在において、実物への欲求をおこさせ、または実物への行動をとらせる」という点にあるとして、その説得的な表現特性を取り出しています。

また、それが「映像」と「ことば」の両者を結び付けようとする点で、「実用文」のうちでも最も「文学」に近いもの、すなわち芸術的・創造的な表現特性を含んでいるものであることを指摘したのです。

なお、波多野は、広告・宣伝コピーの特性としてもう一点重要な指摘をしています。

それは、広告・宣伝コピーが「一定のスペース、一定の時間、一定の枠や条件のもとでの最大効果をめざす文学」（二四七頁）であるという指摘です。

要するに、「濃縮した」表現によって「実物への欲求をおこさせ、または実物への行動をとらせる」という表現上の効果が求められているということです。

以上の考え方からも、広告・宣伝コピーには、説得的・創造的な表現特性が見出せると言えるのです。

3　広告・宣伝コピー表現の基本原則

広告・宣伝コピーには、表現上の基本的な原則が設けられています。次のような原則です。

1　注意をひく（Attention）

2　関心をもたせる（Interest）
3　欲望を起こさせる（Desire）
4　記憶させる（Memory）
5　行動をおこさせる（Action）
（小林嬌一「コピーの文章のナウな書き方」『知的戦略説得術』一九八九年四月、學燈社、一一九頁）


これらは、それぞれの頭文字を取って、「AIDMA（アイドマ）の法則」と呼ばれています。

ちなみに、広告・宣伝コピーは、「①ヘッドライン（見出し、②サブ・ヘッドライン、③ボディ・コピー（本文）、④スローガン、⑤キャプション、⑥ネーミング」（同前書、一一六頁）などの要素から成り立っています。

コピー作文として指導する際には、これらの要素を全て取り上げると煩雑となります。単純化して、次の三つの要素にとどめて指導していくとよいでしょう。

○　キャッチフレーズ（＝見出し）　※「キャッチコピー」「見られるコピー」とも呼ばれます。
○　ボディ・コピー（＝本文・小説明書き）　※「読まれるコピー」とも呼ばれます。
○　スローガン（＝標語）

「キャッチフレーズ」は、「見出し」のことで、俗に「キャッチコピー」とも呼ばれています。その役割で最も重要なのは、相手の注意をひくこと、本文（＝ボディ・コピー）の中に引き入れることです。そのために、他の部分よりもひときわ大きな文字で書き表されることが多いのです。視覚的な印象効果が期待されますから、「見られるコピー」とも呼ばれています。独立させて、「キャッチコピー」として使用される場合もあります。

「ボディ・コピー」（＝本文）は、文字通り広告文の本体の部分に位置します。コピーは、この「ボディ・コピー」を読んでもらって初めてまとまったコピーとして成立します。「ボディ・コピー」は、キャッチフレーズと異なって、普通の文字で少し詳しい説明が述べられることになります。知的な効果を狙っているので「読まれるコピー」とも呼ばれています。

「スローガン」は、宣伝標語のことです。一見すると、キャッチフレーズにも似ています。独立性が強く、単独で宣伝文となることもあります。ボディ・コピーの中に、ゴチック体などで強調して使用されていることもあります。広告のトップにきて、キャッチフレーズとなってしまう場合もあります。ただ、これは、まとまった意味を持っていないと「スローガン」とは呼べません。

なお、「キャッチフレーズ」（＝キャッチコピー）や「スローガン」には、様々な表現技法（＝レトリック）が用いられています。コピーの修辞技法については、森岡健二の「コピー研究」（山口仲美編『論集日本語研究8文章・文体』一九七九年四月、有精堂）に詳しく論じられています。

森岡の考察からも理解されることですが、コピーの表現には、分析してみるとなかなか複雑な修辞法が用いられていることがわかります。

したがって、「コピー作文」の指導では、あまり修辞法（狭義のレトリック）に深入りすることは禁物です。煩雑すぎて、かえってコピー制作の妨げとなります。

それよりは、むしろ子どもたちの中に無意識のうちに身についたコピー感覚を引き出してやる手立てを講じることに意を用いるべきでしょう。

全く備わっていないものを身につけさせるという発想でなく、あくまでも引き出してやるということに徹するべきなのです。表現技法の知識やその役割については、むしろ〈読み〉の指導の役割と考えられます。「キャッチコピー」や「スローガン」に様々な修辞技法が用いられているということは、その表現が〈文学言語＝詩的言語〉としての特性を備えているということになります。

それに対して、本文・小説明書きとしての「ボディ・コピー」には、「キャッチコピー」や「スローガン」の表現が意味するところを簡潔に補足・説明する役割があります。それで、「ボディ・コピー」には、〈論理言語〉としての特性が備わっているとみなすことができます。

これらの三つの要素を全て備えたものを「総合コピー」と呼びます。

次の頁に掲載したコピー作文は、私が山形県にある蔵王温泉で開催された「授業づくりネットワーク」全国大会の時に担当した「コピー作文講座」において参加者の先生方に実技演習の形で制作していただいた「総合コピー」の一作品です。

この「総合コピー」を制作して下さった方は、鶴田清司先生（都留文科大学教授）です。山形の蔵王温泉で開催された研究会に参加されていました。私が提示した課題は、「夏休みの過ごし方・必勝法」というものでした。この課題に沿ってこのような楽しい作品を制作して下さいました。

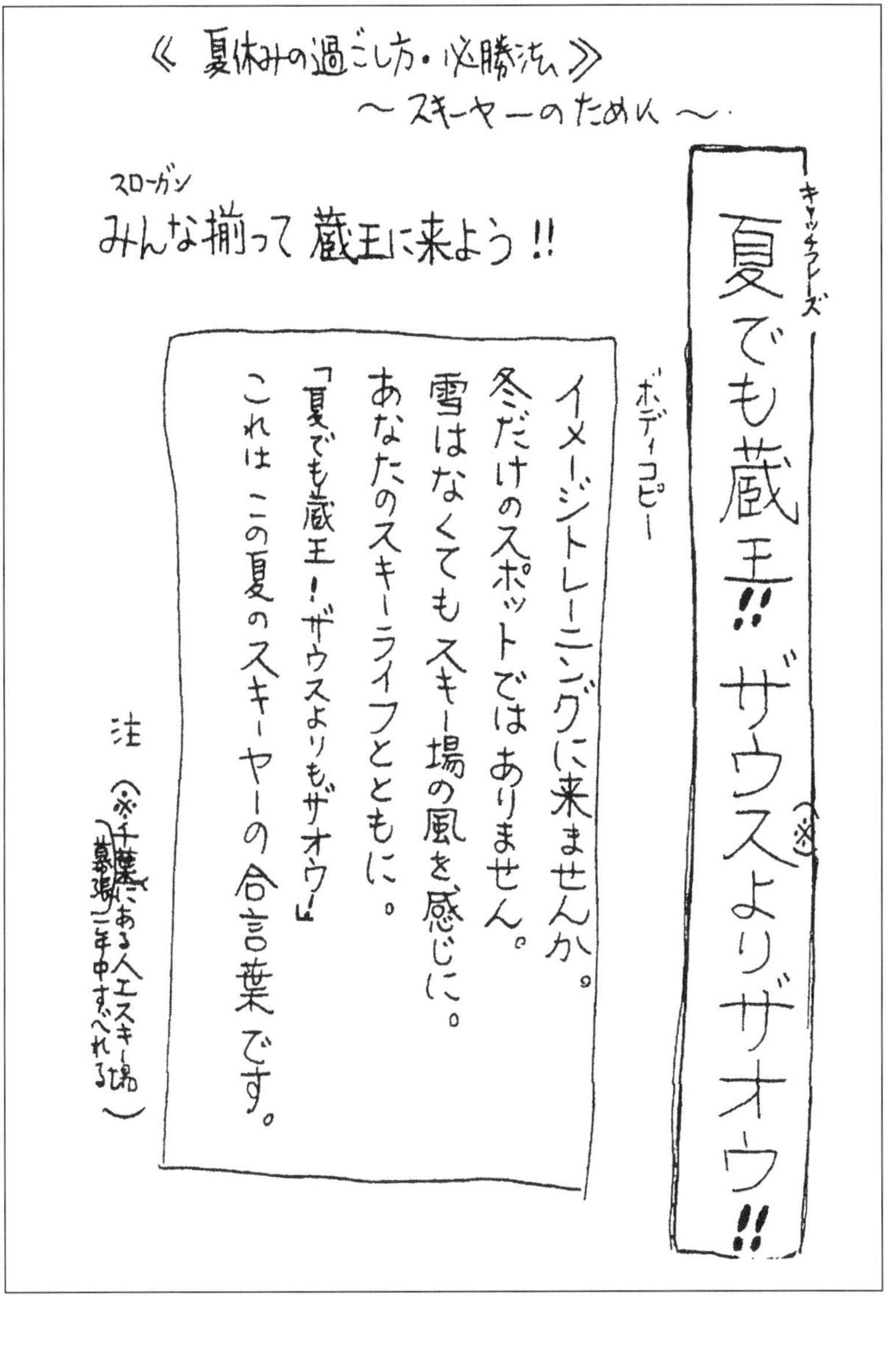
《夏休みの過ごし方・必勝法》
〜スキーヤーのために〜

スローガン
みんな揃って蔵王に来よう!!

キャッチフレーズ
夏でも蔵王!! ザウス(※)よりザオウ!!

ボディコピー
イメージトレーニングに来ませんか。
冬だけのスポットではありません。
雪はなくてもスキー場の風を感じに。
あなたのスキーライフとともに。
「夏でも蔵王！ザウスよりもザオウ」
これは この夏のスキーヤーの合言葉です。

注
（※千葉 幕張 にある人工スキー場
一年中すべれる）

4 「コピー作文」に関する先行研究・実践事例

私が学校作文に「コピー作文」という作文ジャンルを提唱した頃には、まだコピー創りに関する先行研究や実践事例はほとんどみられませんでした。

しかし、わずかながらもコピー表現の教育的意義に着目している論考がありました。鶴見俊輔・森毅編著『ことばを豊かにする教育』（一九八九年七月、明治図書）の中に、天野祐吉「メディアとことば」という論考が収録されていました。

この論考の中で天野は、「メディア環境」の大きな変化が言葉をとことん変えてしまい、そのために「表現貧乏の子が減った」と指摘しています。

天野は、子どもの「ものの考え方や表現の仕方そのものが広告的になって」しまうぐらい、広告コピーが子どもに影響を及ぼしていると述べています。

つまり、「説明的なことばよりは感化的ことばが、正攻法の表現よりはパロディ風の表現」すなわち「広告の話法」そのものが、今日の子どもたちの話法になっているというのです。

天野は、コラムニストであり、『広告批評』という雑誌を主宰していた優れたコピー批評家です。私は、天野のこの指摘が、今後の国語教育・作文教育の在り方に極めて重大な示唆を与えていると受け止めました。

また、井上尚美著『レトリックを作文指導に活かす』（一九九三年九月、明治図書）の中に、「相手を動かすために書く作文」として、ＣＭや広告・宣伝コピーなどが取り上げられていました。

この中で井上が具体的に勧めている作文活動として、「推薦・宣伝文を書く」「標語を書く」「説得を目指した手紙を書く」「見出しをつける」（六三～六六頁）がありました。

これらの中の「標語」は、もちろん「スローガン」であり、「見出し」は、「キャッチコピー」のことです。また、「説得を目指した手紙」は、純粋なコピーというよりもコピー的表現特性を持ったものと考えられます。

これらの事例にみられるように、コピー作文では、いわゆる広告・宣伝コピーに限定することなく、コピー的な表現特性を生かした作文活動を大いに取り入れていきたいものです。

高森邦明著『言語生活的作文の指導シート』（一九八八年十二月、学芸図書）の中に、「コピーづくり」として次のような事例が紹介されていました。

・人間のような表情がある＝じゃがいも
・しんから白いはだ＝たまねぎ
・元気がないいがぐり坊主＝くり
・話はこの一ぱいから＝お茶
・香りを飲むのです＝コーヒー
・白いぬくもりがいい＝ミルク

（八五頁）

これらのコピーの例を参考にして、「えんぴつ」「けしゴム」「ノート」などの学習用具のコピーを創らせるというものです。

なお、コピー作文の先進的な実践としては、平野彧《いく》著『新題材による作文指導』（一九七七年四月、明治図書）

の中に、①「ぼくのPR作戦」、②「わたしの広告つくり」、③「本の帯、しおり作り」といった題材に基づく実践事例が紹介されていました。

当時は、以上見てきたような事例を除いて、コピーの表現を作文授業に積極的に導入しようとする動きはほとんどみられませんでした。その後、メディア・リテラシー教育が叫ばれるようになってから、広告・宣伝コピーにも少しずつ関心が向けられるようになってきたと言えると思います。

5　大学での「コピー作文」の授業

私もかつて大学での授業の中で、学生たちに「コピー作文」を作ってもらいました。

最初は、頭を解きほぐすための「キャッチコピー」づくりです。

鉛筆や消しゴムの特徴を生かして、それらを売り込むためのキャッチコピーを作ることを課題としました。PRする製品は、実際に店頭で売っている物とは別に、自分で想像して、—こんな鉛筆や消しゴムがあったら良いのにな—、という前提でキャッチコピーを作ってもらいました。

学生たちのコピー感覚もなかなかのものでした。

「芯のとおった代弁者（鉛筆）」、「短さが勲章（鉛筆）」、「失敗を許してくれるやわらかさ（消しゴム）」、「身を粉にして働きます（消しゴム）」といったキャッチコピーがすぐに飛び出してきました。

彼らもコピー時代の申し子なのです。

キャッチコピーの次は、先に紹介したような「総合コピー」を作ってもらいました。

「総合コピー」には、キャッチコピーに加えて、「ボディ・コピー」や「スローガン」が付け加わります。これに、イラストや写真が添えられれば申し分がありません。

先のキャッチコピーが視覚的な印象効果を有するので「見られるコピー」と呼ばれているのに対して、ボディ・コピーは、知的効果を狙った「読まれるコピー」です。

それだけに、相手にじっくりと読ませる〈説得力のある表現〉が求められます。

「スローガン」は、文字通り呼びかけ風の表現となります。

まずは、自分の出身地の美味しいものが食べられるお店の紹介、意外と知られていない名所旧跡などの穴場紹介です。学生たちの作った傑作コピーを紹介しましょう。ここでは残念ですが、イラストやレイアウトなどは省略させていただきます。

キャッチコピーとボディ・コピーの部分だけ抜き出して紹介します。

【課題】　美味しいものが食べられるお店の紹介

▽「○か×か？　答えは…三角そば屋—」（キャッチコピー）

「本場・十文字ラーメンの老舗。マジでウマい！　マジウマ〜。中華そばを極めたいあなたへ。味の方は、○か×か?その答えは、三角そば屋へレッツ・ゴー！」（ボディ・コピー）

▽「悪魔のように黒く、地獄のように熱い」（キャッチコピー）

「アクトのコーヒーで、Aあなたの　Kこころを　T溶かしたい！」（ボディ・コピー）

▽「〜少し大人の休日を演出〜」（キャッチコピー）

「香り高い時間（とき）を飲む店ブラジル—ゆったりとながれる時間。飴色の照明の中で、心までがこっくりと煮詰まってゆくよう…。もちろん、茶葉は、世界の一流ブランドばかり。こだわり派のあなたも満足することうけあいです。」（ボディ・コピー）

【課題】　私の単位取得必勝法

▽「大学生は忙しい！　レポートやってる暇はない。そんなあなたへ単位あげます。」（キャッチコピー）
「徹夜したけどダメだった…。文章を書くのがどうしても苦手で…。そんな、レポートにお困りのあなたに贈る必勝法。①できた人のノート・レポートをブレンドして、自分だけのスペシャルヴァージョンを作る。②参考文献は必要な部分のみ読む。または、読んだ部分だけでレポートに使います。」（ボディ・コピー）

▽「上手な単位の取り方―情報を集めよう！　～先生の特徴をつかむことが単位取得の近道～」（キャッチコピー）
「九十分の授業を最初から最後まで集中して受けることは難しい。居眠り、マンガ、雑誌、内職、結構講義を聞いていない人は多いはず。そこで、講義の先生の特徴をつかむことは大事になってくるのでありま す。出席、試験、レポート、どれで評価をつけるか？　どんな問題傾向か？　何時頃に教室へ来るか？　などまで、先輩、同輩から情報収集することが要領よく単位を取る秘訣となるのです。フフフ…。あなたは充実した大学生活送っていますか。」（ボディ・コピー）

こんなコピーが続々と作られてきました。

学生たちには、この「コピー作文」がとても新鮮に映ったようです。

彼らが作ったコピーの多くは、なかなかの出来映えでした。

コピー作文は、小学生や中学生、そして高校生や大学生にも大変喜んで作ってもらえました。

彼らは、コピー時代の申し子であり、コピー感覚は抜群なのです。

そんな彼らのコピー感覚に火を点けてやればよいのです。

私たちは、これまで作文指導に過剰な期待を掛け過ぎていました。

現実認識だの、人間形成だのと、掛け声は立派でしたが、言葉だけが一人歩きしていて、その方法がお粗末でした。大人でも難渋するような堅苦しい作文を書かせてきたのです。

もっと肩の力を抜いて、目の前にいる子どもたちが本当は何を書きたがっているのかをよく看取ってやらなければならないと思います。

6　「コピー作文」の授業づくりの実際

ところで、「コピー作文」の授業を始める時には、どのような事項を指導しておけばよいのでしょうか。

基本的には、次の三点について押さえておけば十分でしょう。

①　広告・宣伝コピーへの興味・関心を持たせます。
②　広告・宣伝コピーの特徴・役割について理解させます。
・新聞、雑誌、ポスターなどのCMコピーをいくつか用意して、比較検討をさせて、共通する点などからそれらの特徴・役割を考えさせます。
③　広告・宣伝コピーの構成と表現形式について理解させます。
○　キャッチコピー（＝見出し）

○　ボディ・コピー（＝本文・小説明書き）
○　スローガン（＝宣伝標語）※呼びかけ文

右の①から③の事項を指導する際には、②に挙げた新聞、雑誌、ポスターなどのＣＭコピーをプリントして見せてやり、それらにどんな特徴があるのか、どんな役割を持っているのかについて話し合わせてみるとよいでしょう。

子どもたちの中から、特徴として次のような共通点が挙げられると思います。

・短いことばでズバリと表現されています。
・大切なことがらは大きな文字で書かれていたり、文字の形を変えて変化を持たせています。
・写真や絵などが入っていて楽しい感じがします。
・オーバーな誇張した表現が使用されています。
・工夫されたことばづかいがされていておもしろいです。
・いくらかリズミカルな言い回しになっていて覚えやすいことばづかいが多いです。

これらのコピーの役割や働きについては、次のような答えが返ってくることでしょう。

・何かの集まりに多くの人を集めようとしています。
・お客さんを呼び込もうとしています。

・人を一瞬立ち止まらせて注目させようとしています。
・大切なことに気づかせて考えさせようとしています。

広告・宣伝コピーのこのような特徴や役割・働きが挙げられてくると思われます。

そして、広告・宣伝コピーに関するこうした話し合いを通して、自ずとコピーに対する興味・関心が高められていくはずです。

また、取り上げられた広告・宣伝コピーの中に用いられている「キャッチコピー」や「ボディ・コピー」「スローガン」を使って、これら三つの表現形式の特徴について理解させるようにします。

7 「コピー作文」の授業づくりの意義

ここで、これまでみてきた広告・宣伝コピーの表現特性とコピー作文に関する先行研究・実践とを踏まえて、コピー作文の授業づくりの意義を取り出してみましょう。

広告・宣伝コピーには、波多野完治が指摘したように、「一定のスペース、一定の時間、一定の枠や条件のもとでの最大効果をめざす文学」という特性があります。つまり、「濃縮した」表現によって「実物への欲求をおこさせ、または実物への行動をとらせる」という表現効果が求められているのです。

広告・宣伝コピーの目的は、自分が人に勧めたい物に対して興味を抱かせ、手にするなり、買うなりさせることにあります。したがって、その勧めたいものの特徴を正確に把握し、それを人に好感が持たれるような言葉で端的に表現しなければなりません。

以上の諸点を踏まえると、コピー作文の授業づくりの意義を次のようにまとめることができるでしょう。

◎　広告・宣伝コピーを作るためには、表現しようとする対象の特徴を正確に把握しなければなりません。そのために、ものの見方が的確になります。

◎　広告・宣伝コピーを作るためには、表現しようとする対象の特徴を第三者に好感を持ってもらえるような言葉でズバリと書き表さなければなりません。つまり、相手の共感を得るために、相手の心を推し量った適切な言葉遣いと効果的な表現技法が求められます。そして、適切な表現を生み出そうとして、一語一句の末にまで心を砕くために、よりいっそうの思考の集中が求められます。また、他人の心を推し量る豊かな感性、鋭い語感とが養われます。

コピーづくりは、説得的・創造的表現能力の育成に通じているのです。

◎　コピーは、現代表現の最前線です。そのコピーづくりを作文授業に取り入れることは、学習者である子どもたちのみならず指導者である教師自身の柔らかな感性や豊かな創造性を培うことに通じているのです。

コピー作文の授業では、どのような題材のコピーを取り上げるかが指導者の腕のみせどころとなります。月並みな題材は、コピー表現の本質に背くものです。

柔らかな感性、豊かな創造性はまず誰よりも指導者自身に求められているのです。

コピー作文で子どもたちと共に教師も説得的・創造的表現能力を培っていきたいものです。

では、「コピー作文」の授業の在り方を具体的に理解して頂くために実際に行われた授業の記録を以下に収録しておきます。この授業記録は、「ストップモーション方式」によっています。

「ストップモーション方式による授業記録」とは、藤岡信勝が提唱した授業記録の書き方のことです。詳しくは、藤岡信勝著『ストップモーション方式による授業研究の方法』（一九九一年九月、学事出版）を参照して下さい。

「ストップモーション方式による授業研究」とは、授業を録画したビデオを再生して視聴する際に、時々そのビデオを一時停止して、「個々の場面における教師の教授行為について議論する方法」のことです。

ビデオの再生を一時停止して、個々の場面における教師の教授行為に対してコメントを加えたり、議論したりするのと同じように、授業記録の中に「コメントや授業の構造・前後関係を解明した記述」を挟み込んだ授業記録の書き方が「ストップモーション方式」です。

ここで取り上げる授業は、一九九八年八月九日〜十一日の三日間、秋田県秋田市で開催された「授業づくりネットワーク98秋田大会」で行われた京野真樹教諭（現在は、秋田大学教育文化学部附属小学校副校長）による「コピー作文の授業」です。

この大会の実行委員長は、当時秋田大学に勤務していた私が務めました。

ストップモーション方式による授業記録

京野真樹教諭による「コピー作文」の授業

竿灯の見どころはココだ！（小三・国語）

―竿灯おすすめポイントをコピー作文で―

記録者：大内善一（秋田大学）

※この授業は、一九九八年八月九日～十一日の三日間、秋田市で開催された「授業づくりネットワーク98秋田大会」の第二日目に、大会会場となった秋田キャッスルホテルで行われた。対象学級は、秋田大学教育文化学部附属小学校三年Ａ組（担任、京野真樹教諭）である。夏休み中、しかもホテルでの授業、その上、全国からの大会参加者、父母たちの見守る場所という特殊な条件のもとでも、子どもたちは緊張の中にも明るくのびのびと学習を展開していた。この子どもたちは、これまで京野学級において、「一学期のまとめ」「町のお祭りや行事」「秋田市のよいところ」などを紹介するコピーづくりの学習を行ってきている。また、この公開授業のつい三日前まで今回の授業の素材となった「竿灯祭り」が秋田市で開催されていた。その興奮覚めやらぬ日のコピーづくりの授業となった。

1 「竿灯祭りの見どころはココだ！」

秋田キャッスルホテルの「放光の間」には「竿灯祭り」の小若（小さな竿灯）が運び込まれて、授業の雰囲気を盛り上げるのに一役買っている。子どもたちが作った竿灯（提灯）をぶら下げる竿（さお）も三本用意されている。また、子どもたちの手元には、夏休み前に作っておいたコピーがあらかじめ配布されて置かれている。

ストップモーション①

【写真】の正面右側に立て掛けてあるのが竿灯の「小若」である。この提灯に擬した画用紙に「竿灯の見どころはココだ！」という内容で東北の三代祭りの一つ「竿灯祭り」の宣伝コピーを作らせようとする趣向である。全国から来られている参観の先生方に「竿灯のおすすめポイントをコピー作文」で紹介しようというわけである。ちなみに、竿灯祭りには、竿灯のかつぎ方の「隠れた裏ワザ」や「提灯の絵柄の種類や意味」「竿灯の歴史」など、子どもたちにとっては興味をそそられる情報が豊富にある。三日前まで開催され

ていた竿灯祭りの興奮も覚めやらぬ中、子どもたちは、自分たちのふるさと秋田の勇壮な祭りを「臨場感溢れる宣伝文句」に託して紹介しようとするのである。子どもたちとっての目的意識・相手意識はいやが上にも高まる。コピー作文の題材としてはまさにドンピシャリ、これほど打って付けの題材は他にないだろう。

２　「キャッチコピークイズ」で頭の体操

子どもたち（男子十八名、女子十七名）は、三人がけのテーブルにそれぞれ着席している。

> さあ、皆さんの回りを見て下さい。今日は全国からいらっしゃった方たちに皆さんのふるさと秋田の伝統の竿灯祭りを紹介してもらいます。
> でもその前に、皆さん夏休みで頭がボケちゃっているので、ひさびさの頭の体操、キャッチコピークイズをやってもらいます。
> キャッチコピークイズ！　やった！　やったー！　拍手ー！

教師の掛け声に呼応して、子どもたちからも大きな拍手がわき起こる。まだいくぶん緊張していた子どもたちの様子が一挙に和やかな雰囲気となる。

教師は、直ちに黒板の裏側に用意しておいた次のようなクイズの紙板書を掲示する。

するーり　スッキリ　○○○が快適。

『「快適」というのは、いい気分ということですよ。この○○○の中に入る言葉をいっちゃうと答えが分かっちゃいます。さあ、なんでしょう。分かった人は答えていいですよ。ここに入る言葉がそのまま答えではありません。』

「もしも漢字だった場合は、ひらがなに変えてもいいの。」

『とにかく、なにを宣伝したキャッチコピーだか考えて下さい。はい、聡一郎君。』

「床屋さん。」

『どうして?』

「スッキリするから。」

『ああ、髪切ってスッキリするからか。違うんですね。次、もういないの?』

「プール。夏だから、するーり、スッキリするから。」

『それは、気持ちいいでしょうね。はい、また、聡一郎君。』

「クリーニング屋。」

『ああ、なんかそれは、もう言わなくても分かっています。でも違います。では、ヒントをあげましょうか。これはね、飲むものです。はい、奏君。』

「ウーロン茶。」

『ああ、ウーロン茶、ウーロン茶もスッキリするね。でも違う。温美さん。』

「セラ?」

『ああ、あの水か、あのハッカくさい、違います。景亮君。』

「ビール。」

『ああ、今一番飲みたい。けど、違います。沙希さん。』「サプリ。」

『ああ、そういうのじゃないんだな。〇〇〇のところにね、トイレって書いてあります。これね、便秘を治す薬なのです。（実際のコピー商品を見せながら）これですね。ファイバーリブロンという便秘を治す食物繊維が入っている薬です。』

続いて、第二問の紙板書を黒板に掲示する。

「みんな生きていくのにぜったい必要なものって、水と空気と…」

「フーム。エネルギーじゃな。」

教師が一度読み上げると、早くも子どもたちが反応を示す。

「うーん、なんか聞いたことのあるコマーシャルだなあ。」

『さあ、これはそのエネルギーを作っている会社のキャッチコピーです。はい、沙希さん。』

「東北電力。」

『おおすごい！　ピッタリ正解。これです。なんだか知らない、得体の知れない動物が二匹お話をしています。お話をしているようなキャッチコピーもあります。はい、これはこれでおしまい。』

『はい、今度は横です。』

教師は、次のような横書きのキャッチコピーを掲示する。

一〇〇倍のド迫力に酔う。

『なにが百倍なのかな。貴之君。』

「ジェットコースター！」

『ジェットコースターの何が百倍なの？　スピードか。百倍のスピードが出たら死んじゃうでしょう。はい、麻美さん。』

「テレビ！」

『なにが百倍？　ああ、画面が？　ああ、すごくね、その考えいい、グッド！　奏君。』

「映画のスクリーン。」

『ああ、その考えもいい！　見えるもの。』

「迫力があるもの。」

『これにはね、キャッチコピーもう一個ついているんですよ。それ言えば分かるかな。「手のひらにのる無限宇宙」。』

「望遠鏡！」

『うんもう、ほとんど正解。双眼鏡なんですけど、ほとんど望遠鏡みたいに大きく見える。とっても性能のいい双眼鏡なんです。ほら、手のひらにのる、それでもう宇宙がバーッと広がる。これで間近で誰かの顔みたら、鼻毛の繊維まで、ああ、細かいところまで見えちゃう。さあ、キャッチコピークイズはこれでおしまい！　本題に入ります。』（七分経過）

ストップモーション②

「キャッチコピークイズ」は帯単元として、毎時間、授業の冒頭で実施している。ゲーム的な要素を取り入れた、文字通り頭の体操であり、子どもたちのコピー感覚を鋭くするための導入である。今回は、特殊な状況下での学習であったので、子どもたちの緊張をほぐすのにも一役買っていたようである。三つのキャッチコピーを取り上げたので、導入場面にしてはやや時間がかかり過ぎている。しかし、この三つのコピーはいずれも表現技法（オノマトペーを用いたもの、会話調、その他）が異なっている。この表現技法の違いを理解させ、今日のコピーづくりに応用させることを意図していたと思われる。実際には、この後にキャッチコピーづくりに入るのではなく、ボディ・コピー（小説明書き）の見直し作業に入っていた。その点、この「キャッチコピークイズ」が次の展開にうまくつながっていなかったことが惜しまれる。

3 いよいよ「竿灯祭り」のコピー作りだ！

ここで教師は、次のような指示を出す。

> さっき皆さんに返した一学期に書いた竿灯のボディ・コピーですね。今日はそれをよく読み直しながら、この提灯型のシートにボディ・コピーを書いてもらいます。
> 　そして、裏には、お札みたいなものがついています。今日は、お札のところにキャッチコピーを書いてもらいます。
> 　今日は、ここまででかしたら（終わらせたら）、この竿にこの提灯をぶら下げます。

教師は、子どもたちにこのように話しかけて、会場の前に立て掛けてある模擬竿灯の竿に提灯型のシートをぶら下げて見せた。

「先生、その竿灯あげるの？」

早速、ある子がこの模擬竿灯に反応した。

『うん、じゃあこの前、裕太君優勝したから、竿灯名人、あげてもらおうか。これ相当重いよ。みんな、三日前まで竿灯やっていたので、見てきた人もいるだろうし、やってきた人もいるよね。でも、見てない人もいるだろうし、竿灯の勉強をしたのはずいぶん前だから、きっといろいろな情報を忘れちゃっていると思って、今日は一学期にみんなが調べてきた竿灯情報を全部ここに貼ってあります。忘れちゃったらこれ見に来てもいいです。黒板の裏には、ワザについて書いてあるから、それと、今日はスペシャルゲストで、「小若」さんにも来てもらっています。裕太君、これをあげて優勝したんでしょ。裕太君の何倍ぐらいかな。高さ七メートルだそうです。しかも、この下にもっと竹をつぎますから、八メートル、九メートルぐらいになるのかな?』

「ぼく、四本つけたよ。」

『へえ、四本つけたの。そしたら、もう十メートルぐらいになるんじゃない。大若だとさらに、あれよりも高くて十二メートルぐらいになるよね。あれも実際に見てさわってきてもいいよ。でもこわさないでね。これ、木谷先生の町内の豊島町というところから借りてきたんだよ。』

ここで教師は、もう一つ次のような指示を出した。

> そして、もう一つスペシャルゲスト、皆さんを竿灯の世界にご招待します。
> 目をつぶって下さい。寝ないでね。
> ダメだよ。目を開けちゃ。

教師は直ちに、会場の前面に設置しておいたテレビの前に行き、スイッチを入れる。画面に竿灯祭りのビデオ映像が映し出されてくる。祭りの威勢のよいお囃しの音声に目をつぶっていた子どもたちの中から思わず「オーッ」という歓声が飛び出した。

『はい、ちょっと目を開けてごらん。』

竿灯を挙げている人の顔がクローズアップで画面に映し出される。子どもたちが夢中で画面に見入っている。

『おしまい。さあ、竿灯情報が十分に頭に入ったかな。』

ビデオを視聴していた時間は約二分三十秒。

ストップモーション③

（ここまでで十三分三十秒経過）

本時では、夏休み前に作っておいた竿灯祭りのボディ・コピーを推敲し、このボディ・コピーに合ったキャッチコピーを考えて竿灯祭りの宣伝コピーを完成させる事が目的であった。子どもたちに竿灯祭りのビデオ映像を見せたのは、ダイナミックな竿灯祭りの様子を改めて生き生きととらえさせたかったからであろう。その効果は十分にあったようである。この後のコピーづくりへの意欲を高める上でも大きな効果があったと思われる。

4 **さあ、「ボディ・コピー」の見直しだ！**

いよいよボディ・コピーづくりである。教師が次のような指示を行う。

> 今日はボディ・コピーを今から手直ししながら書いてもらいます。一学期に書いたのを読ませてもらいましたが、直した方がいいなと思うところがたくさんあったように思います。
> 今日いらっしゃっているお客さんに竿灯のことをよく知ってもらえば、来年また、ぐっと竿灯のお客さんが増えるかもしれません。皆さんの宣伝次第です。がんばりましょう。

続いて、教師は、書き直していく時の留意点を確認している。

『どういうところに気を付けてボディ・コピーを書いていけばいいか三つ確かめておきます。皆さんの机の上にある四人の人のボディ・コピーを見て下さい。その中でも先生が特に上手だなと思ったものには波線をつけて花丸をつけてあります。四人の人、それぞれいいところがあったのですが、特に皆さんにこのように書いてほしいなあと思ったところを挙げてみます。』

・書くことがらをひとつひとつわけて書く。
・問い掛けるように、呼び掛けるように書く。

『時間は今から二十五分あげます。この提灯のシートのハコの中に、特にここがおススメですよということを書いて下さい。何か質問ありませんか。それでは早速始めましょう。』

子どもたちは、思い思いにシートへの書き込みを始める。黒板のところに行って改めて竿灯情報を確かめたり、竿灯の実物を見て、提灯の部分の形などを確かめている子どももいる。

子どもたちの手元には、夏休み前に作ったボディ・コピーがあるのだが、さらによいものを作ろうとする意欲からか、なかなか書き始められない子どももいる。

書き始めてから十分が経過する。

教師が、『あと十分です』とアナウンスする。この頃になって、やっと手が活発に動き出す子どももいる。

（ここまでで二十七分経過）

書き始めて十九分ほどしてから、教師がキャッチコピーづくりについて説明する。

そろそろキャッチコピーづくりに入っている人もいるようです。それで、一つだけその作り方に

ついてお話をします。ちょっと注目。もう一枚のプリントを見て下さい。

『このキャッチコピーは、さっきのクイズでやったコピーからヒントをもらっているんです。

まず、「お囃子ドンドコぼくドキドキ」、これは「するーり、スッキリ…」のコピーを参考にしました。次のは、秋田弁を入れてみました。「タロさ、あのちょうぢんに、何たねがいごどしたの」「決まってるべ。オメの幸せよ」、これはお話をしているような書き方です。もう一つは、「ぼくの町のおじさんは言うー名人になりたいなんて…。五十年早え…」、これは、数字で表す書き方の工夫です。

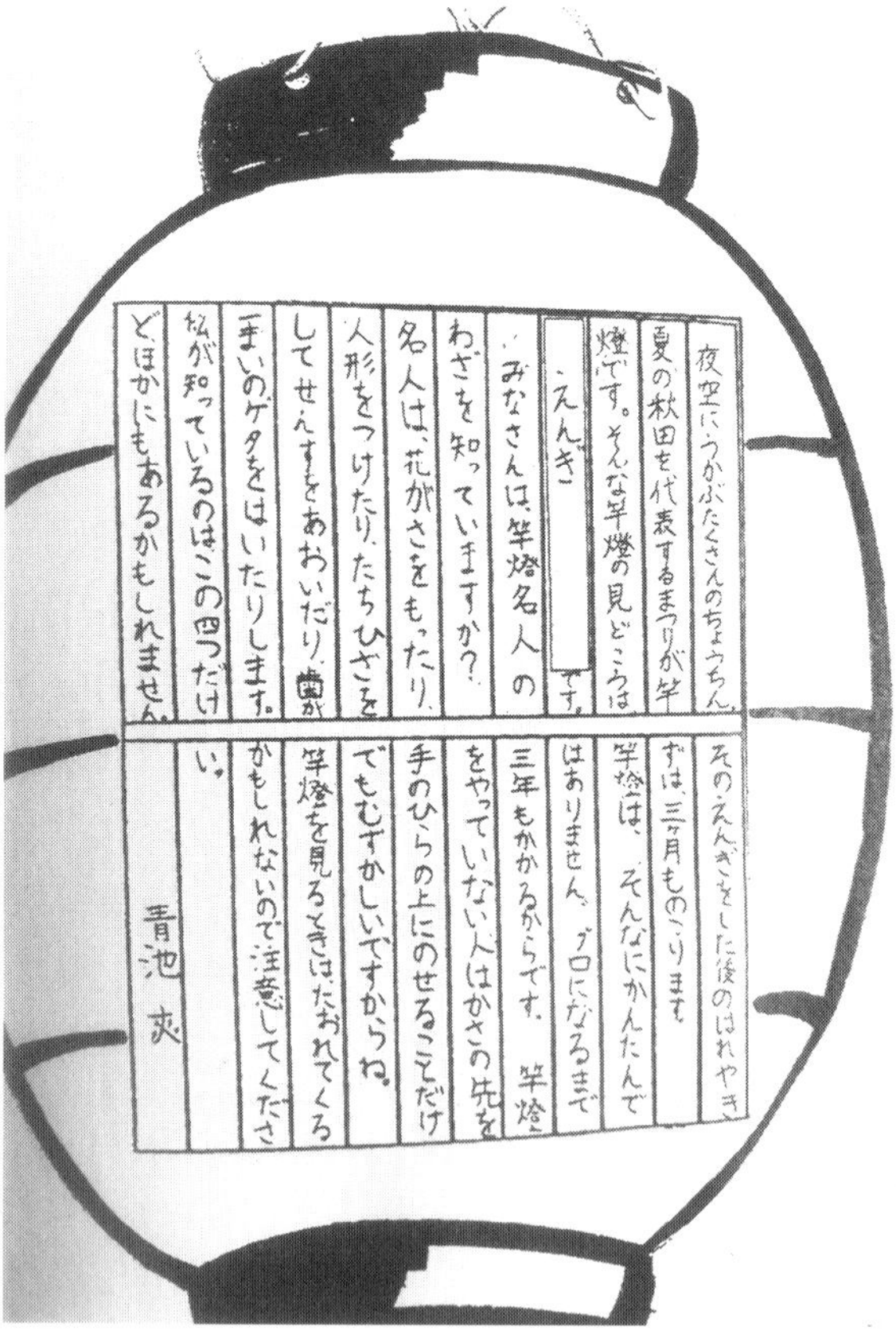

では、裏表全部できあがったら、先生のところに持って来て下さい。』

まだ終わっていない子どももいたが、残り時間も少なくなってきたので、作業を打ち切る。

時間になってしまいました。二人できあがっているのがあります。ちょっと紹介してみたいと思います。

『まず佐藤祐太朗君です。キャッチコピー「提灯はあまくみちゃいけない」、ボディ・コピーの部分「①提灯の絵は何を表していると思いますか？　あの絵は願い事がこめられているのです。②提灯の作り――提灯は何ヶ月も前から名人の手によって作られています。普通の人は提灯を作ろうとしてもなかなかできません。名人は何回も失敗を重ねてやっと名人になれたと思います。竿灯の中は紙と木でできています。その中にロウソクを入れます。」、拍手したら。』

子どもたちから大きな拍手が起こる。

『次です。これは慶平君です。「提灯の願いはいつもみんなの心にしまっている」というキャッチコピーです。「みなさんに提灯の秘密を教えてあげます。①提灯の歴史は、なんと二百年以上も前からあったことを知っていましたか？　②むかし秋田の九代目のおとのさま、佐竹義和という人が四十個以上の提灯一つ一つに絵を書き入れました。③提灯の準備は二ヶ月も前から始まっています。④提灯の絵には、それぞれの町内の提灯をえがきます。」』（四十五分経過）

ストップモーション④

子どもたちはキャッチコピーづくりに難儀していたようである。キャッチコピーは、あまり表現技法を詳しく指導しようとすると、かえって難しくしてしまうところがある。思い切って子どもたちのコピー感覚に任せてしまったほうがよかったかもしれない。三つの表現技法の観点で作らせようとしたのが仇になったようである。本時の中心をあくまでも、夏休み前に書いておいたボディ・コピー（説明文）の推敲に置いて、時間に余裕のある子どもには、キャッチコピーを作ってみるように、ぐらいの指示にとどめておけばよかったと思われる。また、途中である程度できている子どものコピー作品をダイレクトプロジェクターなどの機器を使って紹介してやれば、まだ途中の子どもたちの活動を促す一助となっていたかもしれない。子どもの活動に対する教師の途上評価は、長い活動を入れる時にはかなり重要なポイントとなろう。

二　「一行詩」アラカルト作文の授業

1　コピー感覚で「一行詩」作文

吉村英夫著（撰著）『一行詩（往信）父よ母よ』、同『一行詩（返信）息子よ娘よ』（一九九四年七月、学陽書房）という実践がありました。便宜上、前者を文献①、後者を文献②と呼ばせて頂くことにします。

私は、かつてこの実践を月刊誌『授業づくりネットワーク』（一九九六年八月号）において紹介させて頂きました。

吉村英夫は、当時、三重県立津東高校の国語科教師として活躍されていました。

右の実践は、国語科授業の中から生まれました。高校での実践ですが、工夫次第で、小学校・中学校でも十分に実践が可能です。

事実、この「一行詩」作文の実践は、ＮＨＫテレビでも紹介されて、全国津々浦々の現場教師に広がることになりました。

吉村は、この後、高校教師を辞めて著述業として執筆活動に入っていきました。映画評論などの執筆が中心になっていたようです。

そして、吉村は、全国に広がった「一行詩」づくりの実践を尋ねて北海道から九州までの六五の幼稚園から小・中学校、高等学校、及び複数の集会などを訪ねて回っています。

その成果が、『〔ルポルタージュ〕一行詩の学校〔全国版〕』（一九九八年二月、学陽書房）としてまとめられました。この本は、「第一部『一行詩づくり』の学校を訪ねて」と「第二部　一行詩『アンソロジー』（詞華集）」とから成っています。画期的な一行詩アンソロジー（＝詞華集）となりました。

第一部の中に、当時秋田大学に勤めていた私の研究室にも訪ねてきてくれた事が詳しく述べられています。その中に、私が吉村の実践を取り上げて月刊誌に紹介したことも触れられています。

吉村は、私の研究室を出てからその足で、秋田県立能代西高等学校を訪問しています。当時、この高校に勤めていた貝田桃子教諭の下を訪ねることが目的でした。

貝田教諭は、以前秋田大学教育学部の大学院に現職のまま入学して、私の研究室で作文教育に関する研究に取り組みました。大学院を修了してからまた高校に戻り、国語教師を務めていましたが、私が紹介した「一行詩」作文の論考を読んで、早速自分の担当していた国語のクラスで、「一行詩」作文の実践を試みていたのです。

先に掲げた『一行詩の学校〔全国版〕』の中にも、貝田教諭の学校の生徒たちと保護者との間で交わされた一行詩がたくさん掲載されています。

さて、前置きはこのぐらいにして、先に掲げた吉村の「一行詩」作文の実践をみていきましょう。

私は、吉村の「一行詩」作文の実践書を秋田市内の書店でたまたま手にして、すぐにこの実践の素晴らしさに引き込まれました。そして、早速二冊とも購入したのです。

私は、吉村の「一行詩」作文の趣向が広告・宣伝コピーと似通っている点にも注目させられました。勿論、一行詩と広告・宣伝コピーとでは、その目的や発想に重ならない点があることも事実です。

しかし、高校生とその親たちが書いた「一行詩」アラカルトには、コピー感覚が溢れています。

吉村の「一行詩」作文の実践は、冒頭に述べたように、高校の国語科授業から生まれています。

実践に至る背景・動機には、他の大方の国語科授業の場合と同じように、吉村の国語科授業が高校生の「文学嫌い国語授業嫌いを再生産している」との反省があったとのことです。

そこで、吉村が考えたことは、「とりあえずは文学で勝負するのをあきらめ」て、「からめてから攻めよう」としたこと、つまり、「急がばまわれ」で、「まずは文学から離れること、あるいは教科書による国語授業という呪縛から逃れよう」（文献②、八二～八三頁）としたことでした。

吉村のこの国語科授業観は、小学校や中学校における大方の国語科授業が抱えている問題点を鋭く照射していると考えられます。

そこで、次に、吉村の「一行詩」作文が生まれた背景・動機について、少し詳しく見ていくことにしましょう。

２　「ナンセンス一行詩」の実践から

吉村英夫の「一行詩」作文の実践が生まれた背景・動機については、文献②の『一行詩（返信）息子よ娘よ』の方に詳しく報告されています。

「一行詩」作文の授業づくりという観点からは、この文献②も大変重要な著作です。本節での考察は、全てこの文献②を対象として行います。

吉村は、先に述べたように、「教科書による呪縛から逃れ」て、「若者の感性を解き放ってみたい」と考えました。「固定的でクラシックな国語授業の先入観をうち破ることからスタートすべき」であると考えたのです。

そのための一つの手段が「一行詩」を「のびのびと遊び心で書」かせることでした。

吉村は、高校生が授業中の「内職」で「隣の友人にたわいのない戯れの手紙をマンガ文字で書いている」こと、「昨日のロックコンサートでいかに熱狂したか」、「今晩のJリーグはどこが勝つか」、「A子とB子が、いま同じ男生徒を好きになって悩んでいる……」などと、書く内容に不自由していないことをよく知っていました。

そこで、「緊張を解いた気分で授業をつく」ってやるために、次のような「気儘な小作文」（八四頁）である「一行詩」を書かせています。

［春三月］

――春四月、哀しかったクラスがえ。
――春四月、先輩面して部室にはいる。
――春四月、先生の声が子守唄。
――春四月、そこのけそこのけチカンが通る。
――春四月、ミニスカートがまぶしい、うーん、ラッキー。
――春四月、私の頭は冬眠中。
――春四月、お花畑でピーヒャララ、おれの頭はパッパラララ。
――春四月、桜とともに財布の中身も散ってった。
――春四月、どえらい伸びるのがはやいんさー、オレのひげ。

――春四月、ゆらゆらかげろうの向こうで白い蝶が一匹、空高く飛んでいきます。（八五〜八六頁）

これは、一行ずつ、十人分の連作です。「たてまえだけの個性のない作文を書かせるよりは、ナンセンス一行詩をひねりだすほう」が、「生徒は感受性を豊かにする契機をつかむこと」があるに違いないと考えたのが、右のような「気儘な小作文」を書かせた動機でした。

次のような題材で、「高校生の喜怒哀楽を言葉」に乗せさせる試みも行っています。

［青　春］

――青春は、毎朝、満員列車だ。
――青春は、早朝からグランドを走らされる。
――青春は、数学と英語のWアトミックパンチだ。
――青春は、一度しかねぇーんだよ。雨にも負けず、風にも負けず、エンジョイしようぜ。
――青春は、毎日、ドライヤーとの闘いである。
――青春は、いつも誘惑に脅かされている（半分はその誘惑を待っているのだが）。

（以下略）（九二頁）

この他にも、「喜びは……」、「悲しみは……」という短文づくり、「短歌」や「俳句」づくりの実践も紹介されています。

「短歌」といっても、ナンセンス、ユーモア感覚での「狂歌」に近い作品です。「俳句」もまた、季語などは無視されて「川柳」に近い作品が作られています。

いずれの実践も、「高校生らしい感性を授業で発揮させたい、堅い授業のなかで、ひとときでも解放された空間をつくりたい」（十二頁）という吉村の願いに基づいて生み出されています。

こうした一連の「ナンセンス一行詩」から「父よ母よ」をテーマとした「一行詩」作文が登場したのです。

3 「父よ母よ」から「息子よ娘よ」へ

文献①『一行詩（往信）父よ母よ』と文献②『一行詩（返信）息子よ娘よ』とは、セットで刊行されていました。前者は、国語の授業の枠の中で書かせたものです。

しかし、〈匿名〉で書かせているために、その表現は「父母へのタテマエ的愛情表現でなく、ぐっとくだけてホンネの気持ち」（文献①、六頁）がぶつけられています。

この「父よ母よ」アラカルト作文には、高校生の「ユーモア精神」「ユーモア感覚」が溢れていて読む者を飽きさせません。

ちなみに、そのアラカルトの中身を分類してみましょう。そこに顕れたさまざまなニュアンスの差からも指導への手掛かりがつかめると考えられるからです。

次のように分類してみました。

《モーレツ抗議作文》

○　父よ！　言いたいことがあったらはっきり言え。母よ！　言いたいことをそのまま言うなよ。

○　父よ！　私の電話中、耳をダンボにして聞くのはやめい。

《ヤンワリ抗議作文》

○　父よ母よ！　しょせんあなた方の娘です。やせたからといって後藤久美子にはなれません。なれるとしたら肌の色くらいでしょう。

《アワレミ作文》

○　お父さん！　最近、またハゲてきたな。毛はえ薬とかぬっとるのに、あかんな。私が「服、買って」って言いすぎるのかな？　ごめんな、苦労させて。

《イヤミ作文》

○　父よ！　カラオケで歌い終わった時、遠くをみつめるのは、ダサイよ。

○　母よ！　お風呂までパジャマ持ってってください。もう見たくありません、あなたの三段腹を。

《ホンネをポロリ作文》

○　父よ母よ！　俺は二人が嫌いじゃない。大好きだけど愛想悪くてゴメン。

《チョッピリ感傷気分作文》

○　お父さんお母さん！　あなたたちの声を聞いていると、なんとなく安心します。

○　母よ！　私の悲しみをわかってくれた時、いっしょに泣いてくれた時、母さんの子どもやっててよかったと思った。

少しきつい抗議調の作文にもさり気なく〈ユーモア感覚〉が滲み出ています。父や母を実に鋭く観察し手厳しく批判しながらも、そこにはそこはかとない愛情も溢れています。

吉村は、これらの生徒作文をプリントにして生徒に配っています。そして、たくさんの「父よ母よ」の中から毎年のベストテンの選出を行います。生徒の人気投票で決めているといいます。

そのプリントが家庭の親たちの目に留まりました。ある日、生徒の書いた作文の中に次のような一文が見出されました。

◇母に、「父よ母よ」を見せてやったら、「今度は父と母が書くものをつくってほしい」と言い出した。書くこといっぱいあると言っていた。そんなに文句あるほど、私って悪い娘かしら？　自分ではけっこうものわかりのいい娘やと思っとんのにな。

（文献②、二四頁）

この作文が引き金となって、生徒の親たちへの「息子よ娘よ」作文の大募集となりました。

そして、親たちからの次のような「逆襲」が始まったのです。

○　息子よ！　「うん、うん」だけじゃなくもっとしゃべってよ。娘よ！　パパに寄っかかってTV見るな。
○　息子よ！　女盛りのこの私でさえ、鏡に向かうのは十五分です。一日に数回、まして身支度に三十分以上かかるのは何なんですか。本当のこと言うと、あんたは男前ではないんです。「ムダ」なんです。

親たちからのこうした「反撃」の一行詩は、吉村が生徒向けに発刊していた『国語通信』に掲載されて、家庭に届けられています。

ここに、国語科授業を媒介として「親子のダイアローグ（対話）」（七八頁）が見事に成立しています。高校生とその親たちが「みずからの気持ちを投げかけ受けて返しながら、親と子のコミュニケーションの回路」（十一頁）が作り出されているのです。

4　「一行詩」アラカルト作文の意義

吉村英夫の「一行詩」の実践は、高校での国語科授業を活性化させる目的から始められています。その目的は、見事に達成されたと言えます。加えて、この実践には、作文授業づくりの上から、次のような意義を認めることができます。

◎「ナンセンス一行詩」を契機として生徒の建前だけの個性のない作文の殻を打ち破り、ユーモア感覚や感受性豊かな表現を切り拓いています。

◎コピー感覚による「一行詩」作文によって、躍動感に溢れた表現感覚と鋭い語感とを養っていくための一方法を切り拓いています。

三　虚構の要素を取り入れた「手紙文」作文

――「恋文」は死語ではなかった！――

1　「手紙文」作文の新生面

手紙文は、目的や相手がはっきりしています。相手や目的によって、自ずと書式や文体も決まってきます。これらの特質は、作文指導にとっては好都合です。手紙文の持っている機能や書式が児童・生徒の作文意欲や表現意欲をそそる要素を含んでいるからです。

従来は、大人の社会で書かれている実用的な手紙や社交的な手紙の書式をそのまま教え込もうとする傾向が少なからず見られました。これは、実に馬鹿げたことです。子どもたちが置かれている現実を少しも理解していないと言えます。

このような指導をしていたのでは、児童・生徒の表現意欲を引き出すことはできません。そればかりか、かえって作文嫌いの子どもを作ってしまいかねません。

今日の社会では、大人でさえも手紙を書く機会が激減しています。そんな現実の中で、実用的な手紙や社交的な手紙の書式などの指導をしても、子どもたちにはその必要性が感じられません。

大切なのは、手紙文の機能を効果的に自然な形で作文活動に生かすことなのです。

手紙の書き方や手紙を書く習慣は、結果として身についてくればよいのです。

その意味から言えば、例えば、物語に登場する人物や歴史上の人物に宛てて共感や意見、あるいは批判や激励などの手紙を書くといった、〈虚構の場〉を設けていくことがもっとあってもよいのです。

2 「恋文」は死語ではなかった！

以前、手紙文がやたらに脚光を浴びていたことがありました。

例えば、福井県の丸岡町主催「一筆啓上賞―日本一短い『母』への手紙」（同町編『日本一短い「母」への手紙』一九九四年四月、大巧社）、秋田県二ツ井町主催「きみまち恋文全国コンテスト」（同町編『日本一心のこもった恋文』一九九五年二月、ＮＨＫ出版）などによって、改めて手紙の持つ力、その魅力の一端が再認識されたからです。

これらの手紙文コンテストは、地域興しの一環としてそれなりの成果を収めたようです。

コンテストに入賞した作品を読みますと、自分の想いの丈が簡潔でしかも確かな言葉に煮詰められて表現されていて、読む者を引きつけて止まないものがあります。

私がとりわけ興味を抱かされたのは、「恋文」をコンテストの場に引き出したことでした。

現代は、恋の語らいも携帯やパソコンのＥメールなどでする時代です。一般の人々には、手紙も年に一度の年賀状以外には縁が無くなってしまったようです。

もはや、「恋文」などは死語と化したのではないかと思っていました。

それなのに、なぜ今、「恋文」なのでしょうか。しかも、特定の相手にのみ自分の熱い想いを伝える手段としての「恋文」を不特定多数の人の目に触れるコンテストの場に引き出すとはいかがなものでしょうか。そう思ったのは、私だけではなかったはずです。

この「恋文コンテスト」の審査員を務めた脚本家の内館牧子は、右のような懸念に対して、「不特定多数の目を意識しているがために、抑制がきいているのである」と肯定的な見方をしていたのです。さらに、そこには、「日本人がかつて持っていた『抑制の美意識』や『恥じらい』が色香となってこぼれている」と積極的な評価を下していたのです。

この秋田県二ツ井町主催の「恋文コンテスト」が始まった頃、私は秋田大学に勤務していました。ある日、夕方の地元テレビ局のニュースを見ていましたら、たまたまこの「恋文コンテスト」で恋文大賞に輝いた老婦人が記者のインタビューに答えていました。銀髪の素敵なご婦人でした。

その時に紹介されていたこの老婦人の恋文は、次のようなものでした。

天国のあなたへ

柳原タケ

秋田県・八〇・無職

娘を背に日の丸の小旗をふって、あなたを見送ってから、もう半世紀がすぎてしまいました。たくましいあなたの腕に抱かれたのは、ほんのつかの間でした。

三二歳で英霊となって天国に行ってしまったあなたは、今どうしていますか。

私も宇宙船に乗ってあなたのおそばに行きたい。あなたは三二歳の青年、私は傘寿を迎える年です。おそばに行った時、おまえはどこの人だなんて言わないでね。よく来たと言って、あの頃のように寄り添って座らせて下さいね。お逢いしたら娘夫婦のこと、孫のこと、また、すぎし日のあれこれを話し、思いっきり、甘えてみたい。あなたは優しく、そうかそうかとうなづきながら、慰め、よくがんばったねと、ほめて下さいね。

そして、そちらの「きみまち坂」につれて行ってもらいたい。春のあでやかな桜花、夏、なまめかしい新緑、秋、ようえんなもみじ、冬、清らかな雪模様など、四季のうつろいの中を二人手をつないで歩いてみたい。

私はお別れしてからずっと、あなたを思いつづけ、愛情を支えにして生きて参りました。もう一度あなたの腕に抱かれ、ねむりたいものです。力いっぱい抱きしめて絶対にはなさないで下さいね。

＊主人は昭和一四年五月に中国山西省で戦死しました。当時の軍事郵便は検閲されていました。今回そのころ自由に書けなかった思いの万分の一を書きました。すっきりして若返ったような気持ちです。

3　「恋文にお断りの返事を」という実践

右の「恋文」を読んで、私は、「恋文」という特殊な手紙文も工夫次第では、作文授業づくりに生かしていけるのではないかと思ったのです。

そのような実践事例がありました。兵庫県立加古川南高等学校の田中宏幸教諭（田中は、その後ノートルダム清心女子大学や広島大学教授を経て、現在は安田女子大学教授を歴任）による「『場』の設定に工夫を凝らす―

恋文にお断りの返事を／遺書に返事を―」（兵庫県高等学校教育研究会国語部会編『自己をひらく表現指導』一九九五年五月、右文書院）という実践です。

まず、「恋文にお断りの返事を」という実践から取り上げていきます。

田中のこの実践は、高校生を対象としています。高校生と「恋文」「ラブレター」、一見してこれはよい取り合わせのように思えます。しかし、事はそう単純ではなかったようです。まともに本物の「恋文」を書かせていたら、言うまでもなく田中の実践は失敗に帰したはずです。

実は、田中は、先に紹介した「一筆啓上賞―日本一短い『母』への手紙」に触発されて、平成六年度のコンクール課題「日本一短い『家族』への手紙」（25～35字）を高校生に書かせています。

結果について、田中は、「ありきたりな素材と平凡な結果ばかりが続出して、げんなりしてしまった」と報告しています。とても貴重な報告です。どうやら、この実践は失敗に帰したようです。

その原因について、田中は、次の四点を挙げています。

①「家族への手紙」は、思いを伝える相手もその内容も形式もすべて書き手の自由に任されている点。
②相手が実在する人物であるだけに、気恥ずかしさから抜け出すのが容易でないという点。
③これをこそ伝えたいという切実な思いが熟成されていなかったという点。
④短作文だからかえって難しいという認識が指導者の側に不足していたという点。

（四一～四二頁）

実践報告を読む機会が数多くあります。しかし、それらの報告の中で、その実践が失敗に帰し、その原因を謙虚に省察するということが残念ながらほとんど見られません。報告自体が成功した事例だけに限られている場合が圧倒的に多いのです。これは、教育現場に失敗から学ぶという習慣が根付いていないからなのかもしれません。その意味で、田中のこの失敗事例の報告は、大変貴重な報告となっています。この後に見ていく「恋文」作文の実践の意義を検討していく上からも大変貴重と言えます。

田中の「恋文にお断りの返事を」という実践は、そのタイトルが示す通りに、いきなり「恋文」そのものを書かせるわけではありません。すでに書かれている結婚申し込みの「恋文」に対して「お断りの返事」を書くという趣向なのです。

教材として使用された「恋文」は、芥川龍之介がしたためた恋文「文ちゃん」（筑摩書房『新編国語Ｉ』平成三年度版に掲載）でした。この恋文は、芥川が一九一六年に、当時十六歳であった塚本文（芥川は、この恋文を書いた二年後に文と結婚している）宛てに出したものです。

設定された作文課題は、「この恋文にお断りの手紙を書くこと」とされました。つまり、「相手の申し出に感謝しながらも、言葉を尽くして辞退する手紙を書く」というものです。

この場合、「お断りの返事」は女子の立場でしか書けません。そこで、男子の場合には、「芥川龍之介に代わって、塚本文に結婚できなくなったことを伝える手紙を書くこと」という課題にしています。

田中は、実際に書かせる前に、生徒たちに芥川が書いたこの恋文の魅力について分析をさせています。

また、手紙の書式を習得させるために、俵万智「愛の消印」（東京書籍『国語Ｉ』平成五年度版）、向田邦子「無口な手紙」（東京書籍『新編国語Ｉ新訂版）、「手紙の書き方」（東京書籍『国語Ｉ』所収「現代文のしるべ」から）及び「真に個性的な手紙とは―加藤剛氏の喪中あいさつ文」（松谷英明『就職作文・小論文と手紙文の書き方』学事出版）などの補助教材を用意して一時間の指導を行っています。

この行き届いた事前指導にも感心させられるところです。

以下、実際に書かれた女子生徒の手紙を見ておきましょう。

拝復

朝夕めっきり寒くなり、秋風の冷たさが心にしみる、今日このごろですが、風邪などひいていらっしゃいませんか。こちらの方も、少しずつですが、秋の色どりが漂うようになってまいりました。

あなたのお手紙を拝見させていただき、正直に申し上げまして、大変戸惑いました。突然のことで、ということもありますが、それよりも、あなたのお気持ちがあまりにも素直に書かれていたことに、大変おどろかされ、そして大変感動させられました。こうして筆をとっていても、手が震え、胸が高鳴り、うまく筆をはこぶことができません。

（中　略）

龍之介さん。私は今、先程述べましたように、大変戸惑っております。なぜなら私には自信がないからです。今の私には、あなたの愛に応えられるだけの自信がないのです。もちろん、私のあなたへの愛情が、あなたが私に抱いてくださる愛情に匹敵するという自信はあるのです。ですが、私には少し時間が必要なのです。どうか私が、自分自身に対して自信が持てるまで、待ってはいただけないでしょうか。あなたの真剣な告白を、今、軽々しく受け入れるのはいけないことのような気がするのです。

（以下略）

（三七頁）

4　虚構という要素を取り入れる

田中のこの実践が成功した理由は明らかです。それは、田中が最初に実践した「日本一短い『家族』への手紙」の失敗の原因をそのまま裏返したものとなります。

「恋文にお断りの返事を」の実践では、「思いを伝える相手」が芥川龍之介という歴史上の人物で誰にとってもはっきりしています。

手紙文の内容も、芥川が書いた「恋文」の内容に基づいて書けばよいことになっています。もちろん、その「形式」は、返信の形を取ります。

また、手紙文の書式については、補助教材が三種類も与えられています。かなり周到な手立てが講じられていると言えます。

なお、返信の手紙を書く相手は、「実在する人物」であるが、それはあくまでも歴史上の人物であって、平素の生活を共にしている人物ではありません。そこに、生徒にとって「気恥ずかしさ」という感情は生じにくいわけです。

田中も指摘しているように、生徒は、「虚構の世界に遊びながら、想像豊かにのびのびと書き進めることができ」たはずです。

また、「虚構の世界」に遊ぶとはいえ、「全くの絵空事」では、生徒の表現意欲を十分に引き出すことは困難となります。結婚の申し込みという切実な内容を持った「恋文」に対する「お断りの返事」を書くという状況が設定されていたからこそ、「虚構の世界」に遊びつつも真剣に作文活動に取り組めたのです。

以上は、すべて「家族への手紙」の実践が失敗した原因①から③までの裏返しです。

ところで、田中の手紙文作文の実践には、もう一つ「遺書に返事を」というものがあります。この実践も、「恋文」作文とほぼ同様の理由から成功していますので、参考までにその概要を紹介しておきます。

この実践は、一九四五年に二十三歳の若さで死んでいった特攻隊員・林市造が死ぬ二日前に母に宛てて出した「遺書」(『きけわだつみのこえ』カッパブックス、学校図書『国語I』平成六年度版所収)に対して手紙を書くという趣向を取っています。

この遺書を生徒に読ませて、「もしも彼から『僕の祖国は、今、どうなっていますか』という手紙が送られてきたとしたら、どういう返事を書くか」という課題で返事を書くというものです。

別の課題として、「この母親になりかわって、今は亡き林市造氏に現代日本の姿を伝える手紙を書こう」という設定も考えられると述べています。

こちらの趣向も先の「恋文」作文の場合と同様、実際にはあり得ない「虚構の世界」を設定して手紙を書かせるというものです。この実践では、「恋文」の場合と比べて、生徒に「現代社会に対する認識や日本の歴史に対する認識」を問うことになるところに独自性がみられます。

この実践には、田中自身が指摘するように、「特攻隊員として若い命を捨てていった林氏の心情を受容できるか」という難しさもあります。しかし、自己の立場を鮮明にして思い切って自分の想いや考えを書くこともできますので、かなり意欲的な作文活動が展開されたものと推測されます。

5　虚構の要素を取り入れた手紙文作文の意義

以上の考察を踏まえて、田中宏幸が実践した手紙文作文の意義を次のようにまとめることができます。

◎　歴史上の人物が書いた手紙文の内容に即して「返事」を書くという趣向なので題材や材料に困るということがありません。
◎　歴史上の人物が相手で、しかも虚構の作文として書くので、「想像豊かにのびのびと書き進める」ことができます。
◎　虚構の作文として書くわけですが、「恋文」という文章の性格上、切実な状況で書かざるを得なくなりますから、作文活動に適度な集中が生まれることになります。

四 「行事作文」の授業づくり

1 行事作文のメリット・デメリット

学校行事には、普段の平凡な学校生活にはない特別な刺激や感動的な体験が潜んでいることが多いものです。こうした要素は、作文を書かせる上でのメリットとなります。少なくとも普段の平凡な学校生活よりは作文の題材を取り出しやすいのです。

そこで、何か学校行事があるとすぐに作文を書かせるという慣習が生まれました。これがいわゆる「行事作文」と呼ばれるものです。

ところで、学校行事における特別な刺激や感動的な体験には、児童生徒が共有するものである場合が多いのです。この要素は、共通の土俵から題材を取り出せるという点で、教師にとってはメリットとなり、児童生徒にとってはデメリットとなります。

教師にとってのメリットとは、題材を共通の土俵から取り出させるために一斉指導及び評価がしやすくなるということです。児童生徒にとってのデメリットとは、共通の体験の場合、特別にクラスの誰かに伝えようとする意識が起こりにくいということです。

このために、最初に挙げた普段の平板な学校生活よりは題材を取り出しやすいというメリットも相殺されてしまいます。

ところが、教師の側では、都合がよいものですから、学校行事がある度に作文を書かせることになります。しかも、毎年同じ時期に同じ行事作文を書かせることになるのです。そこから悪しきマンネリズムが生まれます。こうなると、行事作文が子どもの作文意欲を失わせていくことになります。

こうした行事作文のデメリットを克服して、題材の取り出しやすさというメリットを生かした授業づくりができないものでしょうか。

以下に考察を加える実践は、行事作文の新生面を切り拓く上から貴重な示唆を与えてくれる優れた事例とみなせます。その事例は、喜岡淳治による中学校での「『物語じたて』の行事報告」と「俳句・短歌でつづる行事報告」という実践です。喜岡の著書『先生と子どもで創る文学する学級づくり』（一九九五年一月、学事出版）に収録されています。

2　「物語じたて」の行事作文

喜岡淳治が実践した行事作文では、「独創性」が強調されています。例えば、「修学旅行の見聞録」を書かせる場合、その読者であるクラスの仲間の経験はほとんどが似たり寄ったりです。

喜岡は、その「類似している経験をありきたりの表現で再現しても、正確な記録として残っても、読んでいて面白いものではない」（六二頁）と指摘しています。

そこで喜岡は、次のような三つの観点からの「独創性」の必要を強調したのです。

やはり読者を引きつけるためには、仲間が経験しなかった独創性のある素材を扱った報告や、作者独自のものの見方・考え方が出ている報告や、表現方法に工夫を凝らした面白い報告であることが望ましい。

喜岡が強調した右の三つの「独創性」こそがまさしく行事作文のデメリットを克服する観点となります。なお、この三つの観点のうち、二つ目と三つ目の観点は、行事作文に限らず他の作文においても必要とされるものです。

さて、喜岡は、これらの三つの観点からの独創性を踏まえた行事作文とするために、「物語じたて」という手法を講じたのです。

以下、この手法が右の三つの観点とどのようにかかわっているかという点を中心に喜岡の実践について検討していってみましょう。

この「物語じたて」の行事作文で特に工夫されている点は、「語り手」の設定にあります。「物語じたて」で作文を書かせる場合に「語り手」の設定は極めて重要です。

例えば、「修学旅行物語」という実践では、「三人称限定視点」(「視点」については、拙著『修辞的思考を陶冶する教材開発』二〇一八年五月、溪水社、を参照)で物語化されています。

この「視点」ですと、「語り手」が作中人物や作中場面をいわば観察者として眺め、同時に、作中の特定の人物に寄り添いながら対象を眺めていくという形で物語が叙述されていきます。

喜岡の場合は、自分自身を「彼」という三人称で登場させています。喜岡が自ら「学級通信」十六枚に、およそ二週間にわたって大作の「修学旅行物語」を執筆しているのです。

したがって、「語り手」は喜岡自身である「彼」に寄り添う形で旅行の見聞記を語り進めることになります。つまり、喜岡は、「担任としての自分の内面を、自分である『彼』に寄り添う語り手に、他人事のように語らせ」（六四頁）ているのです。

なお、喜岡は、この「修学旅行物語」を書くために、修学旅行期間中に取材活動を行っています。生徒たちを引率しながら、「単語メモ」を取っています。「単語」の単位で旅行の出来事をメモしていくという取材記録の方法です。

例えば、「6時40分出発」「タクシー」「Uターン」「三菱銀行本店」「一四六〇円」「山本先生」「サーモンピンク」「ブルゾン」「岩崎さん」「お父さん」「車」といったメモです。

こうした「単語メモ」に基づいた喜岡自身の執筆になるその「修学旅行物語」の一節を引用してみましょう。

> 七時四十分、東京駅京葉線丸の内口集合である。彼は三十分前には着いておこうと考え、六時四十分に家を出た。修学旅行マラソン（トライアスロンか？）の始まりである。
> 本郷通りでタクシーを捕まえる。というよりも、反対車線を走ってきたタクシーが、手も挙げていないのにUターンしてくれた。さすがタクシーの運転手さんである。彼の姿を見ただけでわかったのだろう。金持ちで、タクシーを利用する者だと。
> 「京葉線丸の内口、わかりますか？」
> 「ええ、この前同じようなお客さんがいて、地上だと、三菱銀行本店前になることがわかったんですよ。」
> 一四六〇円。彼の妻は、彼がすぐタクシーに乗るため、もったいないと非難する。彼はそんな時必ず、車

を買って維持費を払うことを考えれば安いものだと反論する。最近は、同僚の小島先生が、ン百万の車を買ったことを例に出して、千円や二千円はやすいものだと言うようにしている。

　彼はタクシーを降りた。そして、階段で地下に降りた。七時である。少し早すぎた。一番だと思っていたら、山本先生がいらしていた。サーモンピンクと言ったような気がする色の、ブルゾンといったような気がする服を着て、柱に少しもたれて立っていらした。

「おはようございます。早いですね。」

「早く来過ぎちゃった。生徒も一人着いてますよ。岩崎沙也香さん。お父さんに車で送ってもらったんですって。」

（七五頁）


　この一文からもわかるように、語り手が作者である喜岡（＝「彼」）の内面を「他人事のよう」に「気楽に」語り描き出すことで、修学旅行に出かける前の出来事が生き生きと叙述されています。

　この手法によれば、書き手は、「語り手」という客観的な人物の目を通すことで、書き手の立場（喜岡の場合は教師としての立場）を超えて「気楽に思う存分」に語ることができます。そのために、今まで自分が気づかなかった事にも気づいたり、書き手自身をも客観的に見つめることができるようになります。

　こうした点が書き手の表現意欲をかきたてる効果ももたらすことになります。喜岡の原稿用紙にして五十枚にのぼる大作がそのことを何よりも雄弁に物語ってくれています。

　ところで、喜岡の執筆になるこの「修学旅行物語」は、学級経営のための仕事の一端ですが、作文授業づくりの方面からみると、生徒にとっての〈参考作文〉となっています。

　このような、「独創性」を強調した特殊な形態の作文を書かせる際に大切なことは、喜岡が試みたように、まず教師自らが〈書いてみせる〉ということです。

なお、喜岡は、この「物語じたて」の行事作文を書くための準備として、次のような三段階の方法を講じています。

①　学校行事の実施中に、「単語メモ」を取る。
②　子どもたちの作文から使えるものを選ぶ。
③　行事の夜に書き始める。

「単語メモ」は、先に紹介したような「単語」単位での取材記録としてのメモのことです。「子どもたちの作文」とは、修学旅行に行っていた時には、毎日その夜に宿舎で書かせていた見聞録のことです。原稿用紙にして一、二枚程度の作文です。その中から、喜岡が学級通信の報告記に使えそうなものをピックアップしておくということです。「行事の夜に書き始める」とは、行事があったその日の夜に報告記を書くということです。保護者への報告となるので、時を置かずに学級通信に取り上げていくという即時性を意味しています。

以上は、学級経営と作文授業づくりを兼ねた一挙両得の優れた実践とみなすことができます。

3　俳句・短歌でつづる行事作文

喜岡が実践したもう一つの行事作文は、学校行事を俳句・短歌で表現するという趣向を取り入れたものです。

そして、これも、生徒と教師との合作としての行事報告「『俳句』でつづる運動会物語」「『短歌』でつづる運動会物語」としてまとめられています。

この合作行事作文について、喜岡は、生徒が作った「一つずつの俳句や短歌には難点があったとしても、みんなの俳句を集めて行事報告という形にまとめてみると、けっこう見栄えが良くなる」（一一九頁）と述べています。

喜岡のこの指摘は大変興味深く思われます。

やはり、教師は平素の授業の場合と同様に、生徒の言葉足らずの部分、未熟な部分を生徒にはそれと気づかれないようにさり気なくカバーしてやることが必要なのです。

喜岡の著書のタイトルの角書き「先生と子どもで創る」の意図もここにあります。

喜岡氏によれば、この実践の指導の段階は、次の三段階となります。

> ① 国語の時間に、俳句と短歌を創ることを予告しておく。
> ② 行事の場面を細かく設定したプリントを作る。
> ③ 添削した作品を掲示する。
>
> （一一九頁）

①の段階では、例えば、運動会の場合、「『運動会』そのものが秋の季語であることを教え、運動会の当日に使えそうな季語を前もって、子どもたちにプリントで渡しておく」と述べています。

プリントに取り上げられている季語には、例えば、「運動会・秋晴れ・残暑・天高し・冷ややか・秋涼し・爽やか・赤とんぼ・いわし雲・うろこ雲・コスモス・こおろぎ・りんご・柿・ぶどう・どんぐり・栗飯・朝顔・カンナ・すすき・いちじく・紅葉」などがあります。

②の方法として喜岡は、運動会の次の日に俳句を作らせるために、次のような「行事の場面を細かく設定したプリント」を用意して生徒に配っています。プリントに記載された場面の項目のみを引用しておきます。

1　朝の登校時に見たことなどを俳句にしよう。
2　午前の競技の最中に見たことなどを俳句にしよう。
3　昼休みの様子を俳句にしよう。
4　午後の競技の最中に見たことなどを俳句にしよう。
5　下校の時の俳句を詠んでみよう。
6　衣更（ころもがえ）という季語を使って、俳句を詠んでみよう。
7　その他、夏の季語で俳句を詠んでみよう。
※　運動会の種目など、具体的な言葉をどんどん使おう。

（項目のみ引用。一二三～一二五頁）

同様に、短歌を創らせるためのプリントは、次のようなものとなっています。

1　開会式（準備体操を含む）の時の様子を短歌に詠んでみよう。
2　ハードル走の時の様子を短歌に詠んでみよう。
3　団体種目（川渡り・借り物競走）の時の様子を短歌に詠んでみよう。
4　障害物競走の時の様子を短歌に詠んでみよう。
5　綱引きの時の様子を短歌に詠んでみよう。
6　全員リレーの時の様子を短歌に詠んでみよう。

7　選手種目（千Mと千五百M）・クラブ対抗レース・代表者によるリレーの時の様子を短歌に詠んでみよう。
8　応援の様子や昼休みの様子を短歌に詠んでみよう。
※　短歌の形式は、五七五七七です。

（一二五～一二八頁）

喜岡は、このようなプリントを作ってやる利点として次の二つを挙げています。

①　運動会全体を題材にした抽象的な俳句や短歌がなくなることである。具体的な場面に即した、具体性という強さをもった俳句や短歌が多く詠まれるようになることである。
②　行事の場面設定を時間軸で設定しておくと、あとで俳句・短歌でつづる行事報告が書きやすいからである。

（一一八頁）

喜岡がこのような配慮を行ったのは、彼自身の俳句創作体験によるところが大きいと思われます。喜岡も自ら句会に出かけて俳句を作っているとのことです。

なお、喜岡は、生徒に「少しずつでも季語に興味・関心をもってもらおう」と考えて、「季語」を話題とした「学年だより」を発刊しています。こうした配慮も、生徒の俳句づくりに有効に機能していると推察されます。

4　「物語じたて」「俳句・短歌でつづる」行事作文の意義

以上に考察を加えてきた喜岡淳治の「物語じたて」「俳句・短歌でつづる」行事作文の意義を次のようにまと

めることができます。

◎「物語じたて」という手法によって、行事という類似した経験の中から独創的な素材・題材、独自なものの見方・考え方を取り出すことを可能にします。
◎生徒と教師との合作という手法によって、創作という表現活動の楽しさに気づかせることができます。

五　俳句から物語を作る作文の授業

―「俳句物語」づくり―

1　「子ども俳句」の教材化

青木幹勇著『授業 俳句を読む、俳句を作る』（一九九二年六月、太郎次郎社）では、国語の授業において「子ども俳句」を積極的に教材化して取り入れた実践が数多く紹介されています。

青木は、この著書の「はじめに」の中で、長いこと勤務校はもとより、全国各地に招かれ、小学校国語科の全ジャンルにわたって授業をしてきて、その中でも特に多かったジャンルが「詩歌」だったと述べています。

しかも、とりわけ青木が「もっとも関心を寄せてきたのが俳句」で、「戦中・戦後と作句をつづけ、他方、俳句の指導にも当たって」きたが、「満足のいく授業は、一度もありません」と述懐しています。

青木ほどの大ベテランの教師が「俳句の指導」を行って、一度も満足のいく授業はなかったと述べているのには、とても驚かされます。

青木はこのように述べて、「ところが、ここ数年、わたしは、全国各地の子どもたちが作る子ども俳句に目を覚まされ」たというのです。そして、「これまでの俳句教材を、新鮮にはねている子ども俳句に取り替え」たというのです。それで、「作句についても、伝統の写生主義にこだわらず、子規も許容し、奨めている想像による味つけの表現法を工夫して」みたと述べています。

青木が「子ども俳句」の教材化を行うのに際して活用したのは、『俳句の国の天使たち―こども地球歳時記』（日本航空広報部編）、『ハイク・ブック―世界のこども俳句館』（日本航空広報部編）、『句集　小さな一茶たち』（楠本憲吉・炎天寺編）、『子ども俳句歳時記』（金子兜太・澤木欣一監修）、『小・中学生の俳句』（水野あきら著）などでした。

こうして青木は、「子ども俳句」を教材化するところから、子どもたちに俳句づくりの指導を行うようになります。

そして、その手始めとして、子どもたちが俳句に親しみを抱き俳句的表現の特徴に気づいていくように、「俳句を散文にしてみる」という指導を行っています。これは、〈子ども俳句の散文化〉という指導になります。この〈子ども俳句の散文化〉の指導は、青木の場合は、あくまでも子どもたちに作句をさせるための準備活動のような位置づけでした。

私は、青木のこの〈子ども俳句の散文化〉の活動を〈韻文の散文化〉という文章ジャンルの変換と見なして、子どもたちの思考の屈折によって思考の集中を促す学習に位置づけることができるのではないかと考えました。

こうした〈韻文の散文化〉も含めた文章ジャンルの変換の試みについては、拙編著『書き足し・書き替え作文の授業づくり』（『実践国語研究［別冊］』No156、一九九六年二月、明治図書）において詳しく論述してあります。参照して頂ければ幸いです。

2　単元「俳句の国からの贈りもの」
―「天国はもう秋ですかお父さん」―

私はかつて秋田大学教育学部に勤務していた時に、石川県の「石川国語の会」に招かれて金沢市立中央小学校において講演と表題に掲げたような提案授業を行ったことがありました。平成七年十二月二五日のことでした。この日は、ちょうどクリスマスで大雪になりました。冬休みに入った一日目でしたが、石川県の小学校国語部の先生たちが多数参加される年末の恒例の研究会でした。予定では、六〇〇名ほどの先生方が参加されることになっていましたが、大雪で半分ほどの参加者になっていたと思います。この時に行った提案授業が単元「俳句の国からの贈りもの―『天国はもう秋ですかお父さん』―」という授業でした。

(1)　本提案授業設定の趣旨

この提案授業は、青木幹勇の前掲書に収められている「俳句作品を読む」という実践を修正追試するという試みでした。青木の著書に収められている実践では、小学生に俳句づくりを指導することが目的になっていましたが、私の授業は、あくまでも「子ども俳句」から物語づくりを行うというものでした。

先ほど述べた「書き替え作文」という趣向で単元を構成してみたのです。ですから、私の授業では、海外での俳句ブーム（子どもの俳句づくりも含めて）という現象を踏まえ外国のお友だちに向けて、日本独自の短詩形の表現である〈ハイク〉の面白さを紹介するという状況を設定してみました。

金沢市立中央小学校五年生の子どもたちが外国のお友だちに日本の〈ハイク〉を紹介するという架空の状況を

設定したのです。これは、文章を書く活動における目的・相手を具体的に意識できるようにとの配慮から行ったものです。「俳句の国からの贈りもの」という単元名にその意図を託しました。副題に掲げてある俳句は、本時に使用した子どもの俳句作品です。

この時に参加者の先生方に配布した学習指導案には、「子ども俳句の散文化（書き替え）という活動について」という項目を設けておきました。

そこに、次のようなことばを書き添えておきました。

> 本単元は、異例の一時間構成である。したがって、俳句づくりの学習までは行えない。俳句という短詩形の表現に関心を持たせ、その表現がいかに豊かな内容を含んでいるかを理解させるところまでである。その目的を達するために俳句の散文化（書き替え）の方法を取り入れる。その効果を次の三点から捉えている。
> ①　俳句表現に見られることばの省略と文脈の屈折・飛躍という独自の特徴を理屈でなく感覚的に理解させられる。②　俳句の句意（情景・ドラマ）を想像豊かに読み取らせることができる。③　韻文の表現から散文の表現への変換という活動が子どもたちに学習への集中を促し思考を練り鍛えることに通じる。

(2)　本時の計画

【本時の目標】

①　俳句という短詩形の表現に関心を持つ。

②　俳句表現に見られることばの省略、文脈の屈折・飛躍が句の内容の豊かさに密接に関わっていることを感

覚的に理解する。

③ 子ども俳句の散文化を通して、想像豊かに読み・書くことができる。

【本時の展開】

学習活動	指導上の留意点
1. 子ども俳句を通して俳句に関心を持つ。 (1) 日本及び海外での子ども俳句のブームについての話を聞く。 (2) 次の子ども俳句を音読する。 ・焼きたてのクッキーみたいな春の風	・最初に子ども俳句を提示して子ども俳句との出会いを行わせる。 ・子ども俳句のブームについて話し、いくつかの子ども俳句を紹介する。 ・音読で五・七・五の俳句形式のリズムを感じ取らせる。
2. クイズ形式のゲームを通して俳句表現に見られる特徴的な技法について理解する。 (1) 上五句、下五句に対して適切なことばを当てはめる。 ・［母の歌］せんたくものもすぐかわく ・赤ちゃんがよくわらうなあ［春の風］ (2) 「赤ちゃんが…」の下五句を選択した理由をノートに書く。	・俳句に見られる文脈の屈折・飛躍という技法について、理屈としてでなく、感覚的に理解させる。 ・各句について、三枚ずつの選択肢を用意して最も適切なことばを選ばせる。 ・次の散文化の作業につなげるために、俳句の句意（情景・ドラマ）を生き生きと読み取らせる。

(3)　まとめた理由を発表する。
3．子ども俳句を散文に書き替えることによって、句意を想像豊かに読み取ることができる。
(1)　散文化のための「手引き」を読む。
(2)　好きな子ども俳句を一句だけ選び、散文に書き替える。
4．書き替えた散文を発表し、友達のものと比較する。

・散文への書き替えの際には、俳句の作者になったつもりで、句意を〈物語風〉に記述させる。
・外国での俳句ブームという現象を踏まえて、外国のお友達に向けて日本独自の〈ハイク〉の面白さを紹介しようという目的の下で書き替えさせる。

授業の冒頭で、「焼きたてのクッキーみたいな春の風」という子ども俳句を三行分かち書きにして提示しました。この俳句をみんなで声に出して二度繰り返し読ませました。その後で、このような言葉を「俳句」と読んでいることを確認しました。

この後で、今、日本ばかりでなく世界中で大変な俳句ブームになっていることを話してやりました。そして、この日の朝に途中で購入してきた「伊藤園のお茶の缶」を取り出して、ここにも俳句コンクールの優秀作の俳句が取り上げられていることを話してやりました。

俳句コンクールは、世界中で大人ばかりでなく、子どもたちの中でも行われていることを紹介しました。その一例として、「カナダのEXPO'89の交通博覧会でも、ハイク・シアターが特設され、そこにマルチスクリーンでたくさんの子ども俳句が映し出された」ことを紹介しました。

その後で、『日本の『ハイク』は、このように国際的に有名になっていますが、今日は、日本の俳句の楽しさをもっと世界のお友達にPRして下さい」と、中央小の子どもたちに呼び掛けたのです。

「子ども俳句の散文化」の際に使用した教材は、クイズ形式のゲームで使用した三種類の子ども俳句とは別に、次のような四種類の俳句を使用しました。

①「天国はもう秋ですかお父さん」、②「焼きたてのクッキーみたいな春の風」、③「しかられてなみだの味のイチゴミルク」、④「ボール一つサッカーゴールに残る秋」の四種類の子ども俳句を、画用紙に三行分かち書きで提示しました。

子どもたちには、この四種類の子ども俳句の中から一句を選んで〈物語風〉のお話に書き替えてもらいました。この作業のために、子どもたちには、後に掲げる授業記録の中で取り上げられているような「手引き」を与えて参考にするように促しました。この手引きは、この日がちょうどクリスマスだったので、楽しい「クリスマスカード」になるように書き替えてくださいと呼び掛けたのです。

3 「俳句から物語を作る作文の授業」の意義

俳句から物語を作る作文の授業の実際を紹介してきました。この授業は、冒頭でも述べておきましたが、「書き替え作文」の実践の一端です。俳句を物語に書き替えるという趣向の授業には、どのような意義が考えられるでしょうか。次のような意義を認めることができます。

◎　俳句という凝縮された表現から物語を紡ぎ出すことによって、想像力豊かに表現する力を養うことができます。
◎　韻文の散文化という文章ジャンルの変換によって、学習への集中を促し思考を練り鍛えることができます。

なお、右に紹介した私の提案授業は、8ミリビデオカメラで記録され、一緒に参加してくれた秋田大学院生（現職のまま秋田県から大学院に派遣されていた教員）によって「ストップモーション方式の授業記録」としてまとめられました。

こうした授業記録は第一章でも紹介しました。ここでも、私の提案授業の記録（『授業づくりネットワーク』No109、一九九六年六月号、所収）を紹介させて頂きます。

ストップモーション方式による授業記録

大内善一氏による「書き替え作文」の授業

単元「俳句の国からの贈りもの」（小五・国語）

――「天国はもう秋ですかお父さん」――

記録者：村山公昭（秋田大学院生）

＊この授業は、一九九五年十二月二五日、石川県金沢市立中央小学校五年三組の児童を対象に行われたものである。当日は「石川国語の会」（会長・横山恵八）の第37回大会が開催され、この授業は、体育館を使って同会に所属する先生方への提案授業という形で実施された。

1「子ども俳句」との出会い

教師は、子どもたちにカードを提示する。

声に出して読んでみて下さい。

「焼きたての／クッキーみたいな／春の風」

『こういう言葉、なんていうか知っていますか?』

「俳句」

『最近は小学生でも俳句を作っている人多いんです。だれか（作っている人）いませんか?』

互いに顔を見合わせているが手が挙がらない。

教師はカードを黒板にはりだしたあと、カバンから缶飲料を取り出す。

『これを見てください。何だかわかりますか?』

「おーいお茶！」

『このお茶の缶の後ろの方に俳句がたくさんついているんですね。小学生、中学生が作った俳句もあるんです。』

掲載されている中学生の俳句を紹介する。

ストップモーション①
俳句との出会いの段階で、小学生の作品、缶飲料の掲載句などを用いることで、俳句人口の裾野の広さ、身近さを印象づけることをねらっている。

『日本だけじゃなく、外国でもいろんなところで俳句コンクールは行われているんです。（略）カナダで小学生の俳句（三行詩）のコンクールを行ったのですね。どれくらいの応募があったと思いますか？一万四千点くらいの俳句が応募されたそうです。関心の高さがわかりますね。日本には世界一短い詩というおもしろいものがあることをもっと世界のお友だちに知ってもらいたいと思います。みなさんにPRしてもらうのですが、このまま（五七五のまま）だとよくわからないでしょうから、お話を作ってもらいたいのです。俳句の中にはお話、ドラマが隠されているとおもうんです。』

ストップモーション②
教師の説明がやや長くなったが、俳句が海外でも盛んなことを話題にしたことは、俳句を物語に書き替える必然性と、書く目的を子どもたちに持たせることを意図している。『ドラマが隠されている』という教師の言葉は単なる方便ではなく子どもたちに俳句の本質を示し、子どもたちの思考を促す効果があった。

2　欠落を埋める俳句ゲーム

教師が、カードを順に提示する。

『ちょっと読んでみてください。』

「ボール一つ／サッカーゴールに／残る秋」

「しかられて／なみだの味の／イチゴミルク」

「天国は／もう秋ですか／お父さん」

読み終わるごとに黒板に掲示していく。

『三つ目はちょっと感じが違いますね。ドラマが隠されていますね。それぞれ特徴があります。』

定型などの俳句の約束事を全体確認する。

ストップモーション③

提示された俳句はそれぞれに傾向が違う。子どもたち一人ひとりの興味関心の方向を配慮し具象的なものばかりでなく、多様な想像を引き出すような俳句も意図的に選ばれている。

『俳句の特徴をもう少し知ってもらいたいので、クイズをやってみたいと思います。』

> □
> せんたくものも
> すぐかわく

カードを提示する。

『最初の五のところが抜けています。この四角のところに言葉を入れてもらいます。むずかしいよね。え？　入る？』

すでに五〜六人の手が挙がっている。

「夏の日のせんたくものはよくかわく」

> 実はね、四つくらい（当てはまる言葉を）用意してきたんです。
> どう？　いいかな？
> 読んでください。

「父の歌／せんたくものも／すぐかわく」「兄の歌」「妹の歌」「母の歌」と続く。

『どれがいいかな？』

「母の歌！」

もうひとつ、初句を抜いた俳句でクイズをした後、また四枚の結句が空欄になっている俳句を提示し、カードで当てはまる言葉を考えさせる。

> 赤ちゃんが
> よく笑うなあ
> □

『赤ちゃんが／よく笑うなあ／秋の風。どうかな？じゃ、夏の風。次、冬の風。もう一つ……』

「これいい！」

カードの「春の風」を見た瞬間に子どもたちの中から複数の声があがる。

『「春の風」がいいと思う人、手を挙げてごらん。』

ほぼ全員の手が挙がる。

『違う人はいますか？』

ひとりだけ手が挙がる。

「赤ちゃんが／よく笑うなあ／人の顔」

学級全体に笑い声が広がる。

『なるほど（笑い）、そういうふうにして別な言葉を入れて作り変えるという方法もあるんだよ。今日は先生の方で四つ用意したけどね。この吉本さん（俳句の作者）という小学三年の人は「赤ちゃんが／よく笑うなあ／春の風」こういう俳句にしたんですね。』

> じゃ、みなさんに考えてもらいますよ。
> なぜ、「春の風」でなくっちゃいけないの？
> 「夏の風」じゃなぜいけないのでしょう？
> 「秋の風」じゃなぜいけないのでしょう？
> みなさんなりに、理由を考えてください。時間をあげますので隣同士で話し合ってみてください。一分間です。

すぐに隣同士でのひそひそ話が始まる。考えをまとめるのにたいして時間を必要としていない。

ストップモーション④

理由を書かせずに、隣りとの「おしゃべり」的話し合いから考えさせるのは、①書くという活動の持つ抵抗が授業の流れを停滞させること、②理由を考えることは、次の活動のためのステップであって中心ではないこと、と考え軽く扱い、子どもたちの自由な発想を促すためである。

『じゃあ、自由に発表してもらいましょうか。』

子どもたち、多数挙手する。

その中から一人の子どもを教師が指名する。

「春が一番暖かくて気持ちいいし、冬だと寒すぎるし夏だと暑すぎるから、春が一番いいと思います。」

以下、教師の指名と子どもの発言が続く。暖かさを理由とする発表が一人あった後、違う発想での理由が続く。

「春で、あったかいそよかぜが赤ちゃんをくすぐったくさせる感じがするので春の風だと思いました。」

『くすぐったくさせる感じがする、いい表現が出ましたね。』

「春は花を咲かせるので、赤ちゃんも笑いたくなる気がするので……。冬は寒すぎて元気がない気がするので……、私は春がいいと思います。」

「春は、蝶とか虫がいっぱいで、生き物とかが冬に比べて多いし、花もいっぱい出てくるけど、冬だったらすごく寒くて雪も多いので、やっぱり暖かい春によく笑うと思います。」

『寒いと赤ちゃん風邪ひいちゃうしね。この俳句おもしろいですね。春の風が吹いてきてですね、赤ちゃんがひとりでに笑い出す。そんな感じがするということですね。他の俳句でも理由を考えてもらうとおもしろいんです。』

ストップモーション⑤

理由を考えさせるのにこの句を選んだ理由は、他の句と傾向が違う句だからである。叙景的具象的な感覚ではなく、言葉の持つ象徴性に感覚を働かせる思考力を必要とする。クイズで言葉から受ける印象を広げる活動をしておくことで、俳句が持つドラマを考える一助となっている。

3 子ども俳句から物語を作る

『今日は、さっきみた四つの俳句から好きな俳句を一つ選んでもらいます。外国のお友だちに日本にこんなすてきで面白い、俳句という短い詩があることを知ってもらうために、分かりやすくしてお話をみなさんに書いてもらおうと思います。すぐに書くのは難しいと思いますのでプリントを用意しました。』

資料

俳句の書き替え――物語風に――

五年	組	氏名	原田　裕介

【手引き】②

今日は、みなさんに日本の子どもが作った「俳句」を物語風に書き替えて紹介をしてみたいと思います。

テーブルに
みかん四つと
百円玉
小五　高崎半津郎

▽ズボンのポケットから取り出したカギをドアのカギあなにさしこみ、ちょっとときしむドアを開けました。

「ただいま。」

そして、いつもすぐに「お帰りなさい。」と言います。ぼくの一人しばいです。

――チェッ、おやつはみかんか。学校の給食もみかんだったってのに。ほかに何かないのかなあ。

しょうがない、テレビでも見るか。今何時だっけ。えっ、三時四十分か。チェッ、全然おもしろいのやってないや。

あっ、そうだ、手紙が来ていたっけ。あれ、なあんだ、お父さんのばかりか。たまには、ぼくに来たっていいだろうに。

じゃ、ちょっと遊びにでも行ってくるか。

百円じゃたいしたものも買えないんだよな。まあ、持っていってみるか。

おっと、窓もしめていかなくっちゃ。

△

上の「俳句」を書き替えると、このようなお話になります。楽しく読んでいただけましたか。

【手引き】は二枚。俳句と、俳句をもとにして書かれたお話が書かれている。教師の自作による【手引き】である。二枚とも、子どもたちがこの後の作業で使うワークシートと同じ形式になっている。

『もう一度確認しておきましょう。』

教師が〈お話づくり〉と板書し、ワークシートと手引きの使い方を説明する。

『外国のお友だちに、どんなお話がこの俳句に隠されているかよく分かるように、お話を作ってもらいたい。俳句の面白さや楽しさが分かるようにということです。』

教師、〈俳句の楽しさ／おもしろさ〉と板書する。

『（俳句を作った人は）それぞれ知らないお友だちですけれど、この俳句を作った作者、お友だちになったつもりで書いてください。それで、お話の内容をみなさんがこれまでいろんなところで見たり、聞いたり、経験したこと、を思い出して自由に作って結構です。』

続いて、教師が手引きに書かれている俳句物語（教師の自作）を音読し、紹介する。

ストップモーション⑥

ここでの確認は、単なる活動内容の確認だけではない。「俳句の作者になったつもりで」という指示、「自分の経験を思い出して」「範文提示」という助言・支援が入っている。書き方のフォーマットが示されることで、書くことへの抵抗が軽減されるという配慮が感じられる。

> じゃあ、作業を始めてください。
> 時間は、十分間取りたいと思います。

教師は、座席表を手に子どもたちの作業の進み具合の確認および助言、全体に紹介したい作品のチェックを始める。

ストップモーション⑦

作業開始から、子どもたちの鉛筆はすぐに動き始める。停滞している子どもは見当たらない。ワークシートに向かう前に、クイズ、手引きなどで具体的な活動イメージを持てていることが大きい。

4 作品を紹介し合う

『はい、鉛筆を置きましょうか。最初の「焼きたての…」選んだ人どれくらいいますか？　手を挙げてください。』

十人くらいの手が挙がる。

教師は、同様に他の三つの俳句を選んだ人数を確かめていく。（「焼きたての…」七人、「ボール一つ…」六人、「しかられて…」七人、「天国は…」五人）

『だいたい散らばりましたねえ。先生の予想的中だ』（笑い）

ストップモーション⑧

子どもたちの選択が一つの俳句に集中しなかったのは、提示した俳句の選定に配慮した結果である。単にドラマ性に富むだけでなく、想像の基盤にある子どもの生活実感に沿ったものであることが大切である。

> では紹介してもらいましょう。

教師の言葉が終わると一斉に手が挙がる。

『読んでください。高井君。』

「今日学校から帰ると、家の方からこうばしいクッキーの匂いがしてきた。もしかしてと思って走っていくと家にすぐ着いた。ドアを開けて匂いのする方へ飛んで行くと、おいしそうないろいろな形のクッキーがあった。あわてて手を洗ってクッキーにかみついた。クッキーの匂いが混じった春の風が通りすぎた。」（拍手）

『（拍手）じょうずだねえ！　せっかくだから、ほかの四つのそれぞれを…』

教師が話している間も挙手が続く。他の作品に触発されて、発表意欲が出てきている。

『「焼きたて」やりたい人いる？　じゃあ、瀬川さん。』「今日はとってもあたたかいそよ風。まわりには蝶や花がたくさん並んでいる。冬がすぎてそよ風と共にはるが訪れて、まるで焼きたてのクッキーみたいな……」（拍手）

『（拍手）すばらしいですねえ！　えーと、「ボール一つ」やった人（はいませんか）？　それでは坂本君』「夏、汗をかきながらみんなで楽しくやったサッカー。学校から帰ってきてから、日が沈むまで夢中になってしていた。でも、今は秋でみんな寒くてサッカーをしなくなった。ひとり校庭を見ていたら、サッカーのゴールにぽつんとボールが落ちていた。」（拍手）

『（拍手）木枯らしがヒュウヒュウと吹いてましたね。じゃ、次の「しかられて」はどうでしょう。どのくらいいますか？　じゃ、遠藤さんにお願いしましょう。たくさん書けたものね。』

「『あ！　ガッシャーン』『あら、またなんでいつもおまえはそそっかしいの？　にぎっていた食器をよりによって割ってしまうなんて、きちんと反省しなさい！』。どうせ僕はドジだし、そそっかしいよ。でも、それはお母さんに似たんじゃないか。（爆笑）食器を割ってしまったのは悪いと思うけれど、お母さんだってしょっちゅう割るし、割ったら笑ってごまかしているじゃないか！　いいよ、もうご飯なんていらないや。部屋に閉じこもって出て行かないから。でも、おなかすいたなあ。台所にあったイチゴミルクを持っていこう。」（拍手）

『真に迫っているなあ。（拍手）同じ様なことがあったんじゃないかな？　たくさん聞きたいんですけど、これはどうですか、「天国は」、これ作った人、手を挙げてください。まだ途中でもいいですよ。未完成でも。じゃ、樫山さん、がんばって。』

「去年の秋、お父さんがベッドで眠ったままになった。その時コップ…おけ二つくらいの涙をながしたのを今でも覚えている。ある日、お母さんの『買い物に行こうか』という声に誘われて出かけた。外に出たときヒュッと風が私のほほを通り過ぎた。その秋の風は、かすかに父の匂いがした。『天国はもう秋かな?」』」
『(拍手)、「天国は」、他のお話作った人いないかな?」』
「私が夏休みに入った時からお父さんは交通事故で病院に入院している。八月の中ごろ、お父さんの死を知った。それから毎日私は、天国のお父さん、元気でいるかなといった。だけど、今日から学校が始まり、九月になった。私はお母さんに『落ち葉を集めておいて』と言われた。焼きいもでもするかな、と考えた。その時、私は気がついた。『天国はもう秋ですかお父さん』』」
『ありがとう。(拍手) あとで、みなさんの書いたお話をゆっくり読ませてもらおうと思います。』

ストップモーション⑨

教師が読み上げるのではなく、子どもたちが自作を読む形態を取っている。また、児童の挙手による発表であり、教師側の指名に恣意的要素は希薄である。評価のポイントによってやり方は変わってくると思う。今回は、作品の優劣ではなく、多くの作品を紹介し合い、俳句の書き替え作文を楽しむことが主眼になっているようである。

時間が過ぎていることもあり、一緒に勉強できた喜びと、お礼を告げて授業を終わる。

〈村山公昭=秋田市立外旭川中学校教諭〉

六　フィクション俳句づくりの授業

1　作文ジャンルの変換

かつて、「短作文」授業が流行した時期がありました。その中に、詩や俳句・短歌を書かせる実践を目にすることがありました。それらの実践は、詩や俳句・短歌は短文だから気軽に楽しく書けるという思い込みによって行われていたようです。

詩や俳句・短歌が何の工夫もなしに楽しく・気軽に書けるのでしたら、作文授業も苦労はないのです。その頃の「短作文」指導の問題点については、拙著『思考を鍛える作文授業づくり』（一九九四年六月、明治図書）の中で考察を加えておきました。

「短作文」実践としてのあまりにも短絡的な詩や俳句・短歌の創作指導は別として、短詩型の文章創作に導く実践として、その頃にも二、三の優れた事例が見られました。

詩のジャンルでは、秀逸なものとして青木幹勇著『授業＝詩を書く「風をつかまえて」』（一九八九年八月、国土社）がありました。そして、俳句のジャンルでの秀逸な実践においても青木幹勇著『授業・俳句を読む、俳句を作る』（一九九二年六月、太郎次郎社）がありました。

これらの青木実践に関しては、拙著『国語教師・青木幹勇の形成過程』（二〇一五年五月、溪水社）の中で詳しい考察を加えてありますので、参照して頂ければ幸いです。

なお、俳句のジャンルでもう一つ大変注目させられた実践がありました。足立悦男による「創作指導の原理をさぐる―『俳句を作る』実践から―」（『月刊国語教育研究』一九九五年三月号）の中で報告されていました。

足立のこの実践は、大学の教科教育の授業の中で大学生を対象に行われたもので、詳しい内容は、足立のもう一つの論考「学部教育における国語科表現指導―俳句の授業を例に―」（日本教育大学協会第二常置委員会編『教科教育学研究』一九九五年三月、第一法規）において見ることができます。

足立のこの実践も創意に富む秀逸な事例で小・中学校、高校においても実践が可能なので、本章において青木幹勇の実践と併せて取り上げておきましょう。

２「物語を読んで俳句を作る」授業
―「物語俳句」づくり―

⑴　俳句における空想・想像的題材

まず、青木幹勇著『授業・俳句を読む、俳句を作る』に紹介されている実践から取り上げていきます。

青木の俳句づくりの実践で、私が特に注目させられたのは、「物語を読んで俳句を作る」という作句の常識を打ち破る趣向でした。青木は、この実践を「物語俳句」の授業と呼んでいます。

第五章でも取り上げたことですが、青木は、自らも昭和の戦中・戦後と作句を続けてきて授業の中でもしばしば俳句の指導を行ってきました。しかし、満足のいく授業は一度もなかったと振り返っています。

ところが、青木は、「ここ数年、全国各地の子どもたちが作る俳句に目を覚まされ」ます。それらは、例えば、日本航空広報部編『俳句の国の天使たち』（一九八八年一月、あすか書房）、楠本憲吉・炎天寺編『句集・ちいさな一茶たち』（一九八八年十一月、グラフ社）などに見られる子ども俳句でした。

これらの俳句を読んで、青木は、「これまでの俳句教材を、新鮮にはねている子ども俳句に取り替え」ることにしたのです。

また、作句の方法についても、「伝統の写生主義にこだわらず、子規も許容し、奨めている想像による味つけの表現法を工夫」していくことになります。

青木が用いた趣向は、「作句の入門」として「物語を手がかりにし、ここから俳句を発想するという」方法で、教材としては、「子どもたちに好んで読まれる『ごんぎつね』」（三頁）を取り上げたのです。

戦中・戦後と長い歳月を教壇に立ってきた青木ほどの大ベテランが永年の俳句指導の果てに辿り着いた発想がこの「物語俳句」の授業だったというのです。

俳句における「伝統の写生主義」という呪縛、従来の作文教育における「リアリズム作文」という呪縛に私たちがどれほど絡め取られてきたか、いかに大人の思考の枠組みに囚われてきたかを象徴するようなエピソードとして興味深いものがあります。

ところで、青木がこの「物語俳句」づくりの発想を得たのは、「朝日歌壇」（一九八四年九月二三日）に掲載されていた「空腹に泣く子をおきて征き果てぬ父よユミ子のコスモスが咲く」（兵庫・青田綾子）という短歌に励まされたことによると述べています。

この短歌は、言うまでもなく今西祐行の「一つの花」から着想された「フィクション短歌」（青木の命名）です。

この「フィクション短歌」という用語に倣えば、青木の実践「物語俳句」も〈フィクション俳句〉と命名してもよいでしょう。

俳句というジャンルは、やはりそのまま作文学習の対象に据えるのには困難があるといってよいでしょう。そのことは、青木の「物語俳句」以前の実践が一度も「満足のいく授業」にはならなかったという証言からも窺えるところです。

教材を「子ども俳句」に取り替え、作句の方法に「想像による味つけ」を行い、「物語を手がかりに」して「俳句を発想する」ことではじめて俳句というジャンルが作文学習の対象となったのです。

すなわち、〈フィクション俳句〉という新しいジャンルと空想・想像的題材とによって、はじめて子どもにも指導の可能な地平を創り出すことに成功したと言えるのです。

(2)「物語俳句」の授業の実際

さて、青木の「物語俳句」の「本邦初演」は、一九九〇年五月二九日に東京都台東区西町小学校の六年生を対象として行われています。

使用された教材は、四年生の「ごんぎつね」でした。「下学年の教材を、角度を変えて上学年で活用すること」がこの実践の一つのヒットポイントになります。

青木は、この「作句入門」の指導である「物語俳句」の実践に「ごんぎつね」を選んだ理由として、次のような点を挙げています。要点のみを引用しておきます。

① この物語が、子どもたちには興味深く読まれていること。
② 俳句になる契機を多く孕んだ物語である。つまりこの物語には、俳句になるシーンがたくさんある。
③ この物語には、どこにもここにも、季語がころがっている。
④ 「花を見て作る、虫の声が俳句のネタになるのと同じ、いや、それ以上」に「その気になって読めば読むほど、そこから俳句が生まれてくる。」「巧拙はともかく、めいめいに表現と理解の一体化が望めます。」
⑤ いろいろな物語を読む学習の中で、作句の経験を持たせることができますが、最初の教材としては、「ごんぎつね」が最適ではないかと思います。
（九三〜九四頁）

では、青木の「物語俳句」づくりの授業の実際を主なポイントに焦点を絞って辿ってみましょう。

① 子ども俳句を板書し、ノートに写させる

まず、導入の段階で「子どもの知っている俳句」をたずね、その後で「子どもたちの俳句熱の盛んなこと」を話してやり、次のような子ども俳句が紹介されます。

○ 先生がたいいんしたよとんぼさん
○ おりがみさんいまペンギンにしてあげる
○ 赤ちゃんがよくわらうなあ春の風
○ 天国はもう秋ですかお父さん

○　母の歌せんたく物もすぐかわく

こうして俳句づくりへの関心を抱かせた後に、俳句の勉強には、「見て作る」場合と「読んで作る」場合とがあることを理解させておきます。そして、この時間では、「読んで作る」勉強をすることを伝え、次のような「物語俳句」の作句例を紹介してやります。

・羽ふれて桃の花散る別れかな
・コスモスをもらうお手々のごはんつぶ
・神様のことなどにしてけしからん

子どもたちには、これらの俳句の拠り所となった物語を当てさせます。

②「季語」を見つけ、「季語」と「場面」をつなぐ

いよいよ「ごんぎつね」から俳句を作ることになります。

はじめに、予め用意してきた「ストーリー表」でこの物語の復習をします。展開場面、登場人物、主な事件などをざっと辿る形で復習を行います。

さて、作句の手はじめは、「ごんぎつね」の物語から「季語」を見つけ出させる作業となります。「もず」、「すすき」、「ひがん花」、「くり」、「まつ虫」などと十個以上の季語が取り出せます。

この時に、例えば、「火のように真っ赤に咲く『ひがん花』と葬式の場面」をつないで、「ひがん花葬列のかね遠くから」と一句作ってみせるのです。これは、「季語と場面をつなぐ」方法を実例で理解させているのです。

なお、この俳句は、教師が予め作成しておいた「手引き教材」です。青木が実際の授業の中で用いている「手引き俳句」には、他に「にごり川あみにはうなぎふなまず」、「ふみ折られいよいよ赤いひがん花」などがありました。

③「欠落を埋めて一句にまとめる」

青木の「物語俳句」づくりの実践で注目すべきヒットポイントは、右に見たような「手引き俳句」です。この「手引き俳句」の中でもとりわけ興味深いのは、「欠落を埋めて一句にまとめる」ためのものです。

例えば、「□お城にひびくもずの声」といったように、上五の句を抜いた「手引き俳句」を提示するのです。クイズ遊びの手法です。この上五に入れる言葉を物語を読み返して物語の中から探し出させるのです。「きんきんと」、「雨はれて」、「青空に」といった言葉が探し出せればよいことになります。

次は、「きのうくり□両の手に」といったように、中の七音を抜いたものを提示します。

これは、物語の三の場面で、「きのうくり」とありますから、「きょうはまつたけ」、「きょうもまつたけ」、「きょうもまたくり」といった言葉が入れられればよいことになります。

そして、最後の五音節となります。例えば、「月の道兵十加助の□」という句が示されます。三回目になれば、子どもたちも慣れてきて、自ら物語の場面と句とを結んで想像しながら、「かげぼうし」、「立ち話」、「話し合い」、「帰り道」といった言葉を探し出せるようになると述べています。

この「欠落（伏せ字）を埋めて一句にまとめる」作業は、「手引き俳句」教材と一体となって「物語俳句」づくりのキイポイントとみなせます。

この手法は、一般の俳句づくり入門としても活用されているものです。この手法を導入することによって、子どもたちにも指導の可能な「物語俳句」づくりの作文学習を成立させています。

④　各自、自由な実作を行う

最後は、子どもたちに自由に作句を行わせます。作句の際には、教師が「俳句作り相談所」を設けて、子どもの質問に答えてやっています。

できあがった作品を前に出て読み上げさせ、これに簡単なコメントをつけてやります。

子どもたちの作った作品は次のようなものになります。

・ごんぎつね早く聞きたいもずの声
・ごんの気も知らず兵十銃をとる
・遠くまでまっかに咲いたひがん花
・ぴかぴかのいわしを持ってごん走る
・つぐないにそっとはこんだ山の栗
・いわし屋さんゆるしてくださいひとにぎり
・まつ虫の鳴き声ひびく村の道

3 「小倉付」の方法で俳句を作る
―「他者のことば」を介入させて―

(1) シンガーソングライターの歌詞のタイトルの教材化

続いて、足立悦男による「小倉付」の方法による俳句づくりの実践についてみていくことにします。この実践は、冒頭に記しておいたように、大学の教科教育の授業の中で大学生を対象に行われたものです。工夫次第で、小学生の五・六年生、中学生にも指導は可能であると思われます。

「小倉付」とは、江戸時代の俳諧でよく用いられていた手法です。「小倉百人一首」をもとにして、和歌（五・七・五・七・七）のうち、五音か七音のフレーズを生かして俳句を作るという方法です。

足立の授業では、「小倉百人一首」の代わりに、「学生の興味・関心を考えて、ニューミュージックの旗手、中島みゆき詩集『愛が好きです』（一九八二）と、さだまさし詩集『時のほとりで』（一九八〇）の目次（詩のタイトル）を教材化」しています。

足立のねらいは、「俳句創作において、『他者のことば』を介入させる、ということ」（十一頁）でした。題材は、「新学期のキャンパス」とされています。この題材だと、学生たちにとって「親しみやす」く、「どの学生でも題材に困ることはない」からです。

次に足立は、学生たちに、「新学期のキャンパス」に関して、「五音・七音のデータベースをつくること」を指示しています。十五分間で「だいたい十～十五くらいのことば」が集められていたようです。これで、学生生活における俳句づくりのための素材が集められたことになります。

続いて、中島みゆき詩集、さだまさし詩集の目次から一つのことば（タイトル）を「選ぶ」ことを指示しています。学生たちに人気のあったタイトルは、次のようなものだったようです。

○　中島みゆき詩集『愛が好きです』から
あぶな坂　帰っておいで　時は流れて　「元気ですか」　こぬか雨　しあわせ芝居
○　さだまさし詩集『時のほとりで』から
天までとどけ　雨やどり　異邦人　れもん　笑顔同封　無縁坂　19才　主人公

(2)　歌詞のタイトルとキャンパス生活を組み合わせて連作の俳句を作る

いよいよ俳句づくりです。中島みゆきとさだまさしの詩のタイトルと自分のキャンパス生活を彩ることばを組み合わせて連作の俳句を作るという趣向です。

つまり、「他者のことば」である中島やさだのタイトルに自分のキャンパス生活から切り取ったことばを組み合わせて、「自分の世界」を作るという課題が与えられています。

作句には、十五分の時間が与えられて、一人五〜十句くらいずつの俳句が作られていたようです。

これらの連作の中から、「もっとも気に入った作品（ベストワン）」を提出させています。

次のような作品が提出されていました。

1．木の下で時は流れて新学期　　　　11．19才何かありそうな桜頃

2. 散るならば天までとどけ花吹雪
3. この春に出会いし人と雨やどり
4. 桜散り時は流れて初夏の影
5. コート脱ぎ19才のあたたかさ
6. 母の日に笑顔同封がんばるよ
7. 暖かく春の風吹く無縁坂
8. 雨宿りしずくのすきま初がえる
9. シャンプーはレモンの香りおぼろ月
10. 夜桜に心安まる主人公
12. 「元気ですか」時々思い出す君へ
13. 散る日までしあわせ芝居恋心
14. 桜散り「帰っておいで」と母心
15. 桜の下時は流れて夢の中
16. 異邦人山の真中のチューリップ
17. 19才若葉とともに命燃ゆ
18. すぎし日の思い出語る新学期
19. さくら踏みすこし悲しい笑顔同封
20. ゆるやかに時は流れて花匂う

（以下略）

（十三頁）

(3) 鑑賞文による「相互交流」

右の作品群は、短時間での即興的な創作です。足立は、これらの作品は「正確にはまだ作品とはいえない」と述べています。作品は、「読者に受容されてはじめて、作品として成立する」と考えていたからです。

そこで、足立は、事前に「作品はあとでみんなで読み合う」という指示を与えていました。そのため、これらの作品は、「どこかで、読者を意識した作品になっている」と述べています。

ここで、足立は、これらの作品に対して、「鑑賞文を書く」という課題を与えています。作者は、級友から書いてもらった鑑賞文を読んで、感想を書くことになります。

つまり、足立の意図は、「作品―鑑賞―作者という、表現を通じての『相互交流』を経験させてみたかった」というところにありました。

その交流の事例を一例だけ取り上げておきましょう。

〔20．ゆるやかに時は流れて花匂う〕（S・M）

この作品は、私たちの生きている日常的な世界を超えた、いつまでも変わらない「永久の時間」が、定着している。「ゆるやかに時は流れて」からは、春の日に、縁側で日なたぼっこをしながら人生をふりかえり談笑する様子が目に浮かぶ。この句を何度も読んでいたら、『嵐が丘』の情景が浮かんできた。たしか、波乱に満ちた人生の世とはうらはらに、野にはライラックの花が相変わらず咲き匂っていたなあ、としみじみとした感じになった。（O・I）

（作者から）…どんな長く苦しい冬も、ゆるやかに時は流れて、いつしか季節は春になる、ということ。鑑賞文にある「永遠の時間」を表現したかった句だったので、それが伝わってよかった。そのうえ、とてもすてきな様子を思い浮かべてくれて、自分がすごい作品を書いたような気持ちになった。自分の書いたたった十七文字の句が、鑑賞によって、自分のものでないような大きなものになって、驚き、とてもうれしかった。（S・M）

このような鑑賞文と作者のコメントの「相互交流」は、学生たちにも好評であったようです。自分の作った俳句が級友にどのように読んでもらえたかを確認することで、自分が作った俳句を客観的に見つめ直すことができたようです。また、鑑賞文を書くことで級友が作った俳句を作者の立場に立ってその思いを受け止めてやることにつながっていたようです。

ところで、足立は、学生たちに鑑賞文を書かせるに際して、「俳句の鑑賞文らしく」するためのある「仕掛け」を行っています。それは、「…目に浮かぶ。／…しみじみと感じさせる。／…伝わってくる。／…みごとに定着している。／…という心がこもっている。（鷹羽狩行「俳句－世界で最も短い詩」『国語三』光村図書から。）「文末表現」から選んで、いくつか使用することという課題を与えたのです。

「俳句の鑑賞文らしく書く」ための手立てとして、学生たちにとっての効果は大きかったようです。

足立が、江戸時代の俳諧で用いられていた「小倉付」の方法を導入した「俳句の創作と受容」の実践は、学生たちに好評であったようです。

俳句創作において、「他者のことば」を介入させること、とりわけ、そのことばを学生の興味・関心を考えてシンガーソングライターの中島みゆきやさだまさしの歌詞のタイトルを使用するという趣向は、俳句づくりへの垣根を低くすることにも役立っていたようです。

この場合の「他者のことば」は、歌詞のタイトルですから、単なる単語ではなく、そこには、歌詞に含まれるテーマが表されています。ですから、いわゆる写生主義に基づいた俳句の創作とは異なった方法となっています。要するに、この方法には、他者のものの見方や考え方を触媒としながら俳句を創作することになるので、ある意味で虚構の方法が含まれてくることにもなります。

足立のこの「小倉付」の方法による俳句創作の実践も〈フィクション俳句づくり〉の発想に含めておいてもよ

いと考えられます。

4　フィクション俳句づくりの意義

青木幹勇による「物語俳句づくり」と足立悦男による「小倉付」の方法による俳句づくりの実践の意義を次のようにまとめることが出来ます。

◎五・七・五の短詩型の枠組みに空想・想像的題材を取り入れることで、〈創造的思考〉を鍛える授業づくりに新生面を切り拓いたといえます。
◎「読んで作る」というフィクション俳句という新しいジャンルを発想することで、子どもにも指導の可能な俳句づくりの地平を切り拓いたといえます。
◎「小倉付」の方法を手掛かりに、虚構としての歌詞のタイトルを触媒に俳句創作に導くという手法で俳句づくりの授業に新しい地平を切り拓いています。

七　「フォト俳句」づくりの授業

1　写真映像による題材の限定

「フォト俳句」は、「写真俳句」、「写メ俳句」などとも呼ばれています。

私の手元には、森村誠一著『写真俳句のすすめ』（二〇〇八年八月、朝日新聞出版）、中谷吉隆・坊城俊樹著『中谷吉隆のフォトハイ句！読本―写真と俳句のコラボレーション』（二〇〇九年十一月、日本写真企画）、NHK出版編『NHK カシャッと一句！ フォト575完全ガイド』（二〇一〇年三月、NHK出版）、三木慰子著『写メ俳句 心トレ、その実践と考察』（二〇一二年四月、文芸社）、田口麦彦著『十七音の詩―田口麦彦のフォト川柳への誘い』（二〇〇九年十一月、飯塚書店）などがあります。「フォト俳句」の詳細については、これらの著作に譲ることにします。

私の場合もこれらの著作を手掛かりに、大学生を対象に「フォト俳句」の授業づくりを試みました。

写真も俳句も共に独立した表現です。写真は、事物・事象・光景などの一瞬をカメラによって視覚的に捉えます。俳句は、五・七・五の身近なことばで一瞬を詠み込みます。

共に、今の一瞬を捉えるという点で共通するところがあります。また、共に自分の心情や心象を投影させた感情の表現を可能としています。

これら二つの異なる表現を組み合わせ響き合わせることで新たな表現を創り出すことが可能となります。

このようにして創り出された表現が「フォト俳句」と呼ばれています。

「フォト俳句」がこれまでのいわゆる「写生俳句」と異なるところは、俳句に詠む対象が予め写真映像によって限定されている点にあります。無制限に広がっている生活風景の中から俳句に詠む対象が予め写真映像に切り取られているのです。しかも、一瞬の生活風景を切り取った写真映像は、俳句の題材を取り出しやすくし、五・七・五という俳句の言葉を選び出しやすくしています。

私の場合、この「フォト俳句」づくりの授業を初めて行ったのは、私が企画して開催した仙台での「授業力向上研修会」に於いてでした。

この研修会は、一泊二日（二〇一三年十月五日・六日、於・仙台の東京書籍東北支社）で行われました。

参加者は、当時、私が特任教授として勤務していた茨城キリスト教大学児童教育学科の教員五名、私が非常勤講師をしていた常磐大学教育学科の教員五名、茨城県と秋田県内の小・中学校教員約二十名、そして、二つの大学の学生たち三十名程でした。仙台を会場に選んだのは、私がかつて勤務していた秋田大学で教えた学生たちで、その頃は、秋田県内で教員をしていた方たちにも参加しやすくなるようにとの意図からでした。

この研修会の狙いは、第一に私たち大学教員や小・中学校教員の授業力の向上にありました。第二には、二つの大学に在籍していて教員になることを目指していた児童教育学科や教育学科の学生たちに、私たち現場の教員が授業力を向上させるためにどのようにして研修を重ねているか、その姿を見てもらうことにありました。

余談ですが、夜の懇親会では、余興として学生たちや教員たちにそれぞれ歌や楽器演奏などを披露してもらいました。閉会時には、全員で「花は咲く」の合唱をしました。これらの企画・演出は全て私が行いました。教員たちが自主研修の中で教員同士の親睦を図っていくことの意義を学生たちに伝えるという意図を込めていました。学生たちには、私たち教員が行う模擬授業や講義における生徒役を務めてもらいました。

この時に行われた模擬授業と講義（大学教員九名、小・中学校教員五名）は、８ミリビデオカメラで全て記録しておきました。

ここには、その時に私が行った「フォト俳句」づくりの模擬授業の報告をしておこうと思います。

なお、この「フォト俳句」づくりの授業は、仙台研修会の後でも、私の勤務校であった茨城キリスト教大学の児童教育学科において、毎年二年次の学生を対象に行っていました。

仙台研修会の時には、時間が限られていましたので、実際に「フォト俳句」を作るところまではいきませんでした。そこで、ここで取り上げる「フォト俳句」の作品は、大学での授業の際に学生たちに作ってもらったものを取り上げることにします。

2　単元「デジカメフォト映像から俳句を創ろう―『秋風がめくる心の一ページ』―」

(1)　「フォト俳句」づくりの授業の準備

一般の「フォト俳句」づくりの場合は、カメラ片手に自分で撮影した写真映像をもとに俳句を作ります。しかし、授業の中では、現実にカメラ片手に写真映像を撮影することが困難です。そこで、授業では、教師が予め撮影しておいた写真をＡ４判の大きさに拡大してコピー印刷しておきます。

適当な写真が手に入らなければ、インターネット上から取り出したフォト映像を使ってもよいと思います。私の場合も、教材として、自分で撮影した写真の他に、ネット上から取り出したフォト映像も加えて使用させてもらいました。

また、もう一つの教材として、金子兜太監修『新版子ども俳句歳時記』一九九七年七月、蝸牛社）の中の「子ども俳句」と、日本航空広報部編『俳句の国の天使たち』（一九八八年一月、あすか書房）、及び黛まどかの句集『B面の夏』（一九九四年九月、角川書店）の中の俳句を借用しました。

単元名の副題に掲げた「秋風がめくる心の一ページ」は、黛まどかの俳句です。

さて、小学生に作らせる俳句は、大人の創る俳句のまねごととは異なります。子どもが楽しみながら取り組める俳句作りでなければなりません。

なお、写真を撮影するカメラは、今日ではスマホのカメラが手軽で使いやすいかと思います。出会った風景や人物・事物を撮影しておき、その映像をA４判にプリント印刷してそれをじっくり眺めさせて俳句をひねり出させてもよいでしょう。また、時には、俳句が先に出来ていて、後から風景などを撮影するということがあってもよいのです。いわゆる、「先写後句」か「先句後写」、いずれでもよいということです。

いずれにしても、写真と俳句とを響き合わせることで、俳句のことばと風景・人物・事物との出会いをより密接で楽しいものにしてくれると考えることが出来るでしょう。

(2)　授業の実際

授業の中での、「フォト俳句」づくりのための題材は、こちらでその時の季節に合わせて、「秋の風」と設定しました。使用した写真の多くは、ネット上から取り出したものを拡大コピーして教材化しました。場合によっては、プロジェクターで投影する方法も効果的かもしれません。

では、以下に、実際に行った「フォト俳句」づくりの授業の展開を順を追って具体的に紹介しておきましょう。

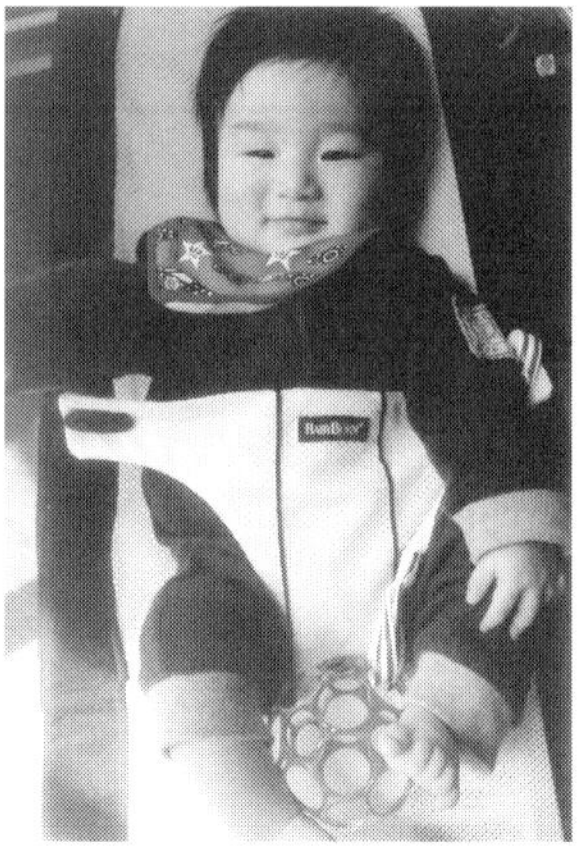

① 「フォト俳句」についての理解を促します。

上のような赤ちゃんが笑っている写真と赤ちゃんがお母さんに抱かれている写真とを提示して、次の俳句の欠句を補って俳句を完成させます。

> 赤ちゃんが　よく笑うなあ　□

右の欠句の手掛かりとして、「春の風」「冬の風」「秋の風」「夏の風」という四枚のカードを提示してやります。

桜の花が写っているのと、この写真の持っている雰囲気から「春の風」という句を入れるのが適切であることに気づきます。この活動を通して、俳句における〈飛躍〉〈屈折〉の意味を理解させます。

赤ちゃんの笑いと「春の風」との間には、直接論理的なつながりはなく、そこに飛躍・屈折があることを理解させるのです。

②〈秋の風〉を題目とした「フォト俳句」を用いて写真映像と俳句表現との関係を理解させます。

ここでは、「フォト俳句」づくりの楽しさを実感してもらうために、俳句の欠落部（一箇所のみ）を補うというクイズ遊びの手法を用いました。

使用した「子ども俳句」は最初に掲げた「赤ちゃんが　よく笑うなあ　春の風」の俳句を含めて六句で、それぞれの俳句に対応する写真映像を七枚用意しました。写真は、それぞれの俳句に詠まれた心情や心象、あるいは風景などが投影されている写真映像を「赤ちゃん…」の二枚の写真の他に五枚用意し黒板に貼り付けました。五枚の写真はネットから取り出してＢ４の大きさに拡大コピーして使用しました。

Ⅰ（「秋の風　とべたとび箱　[ふりかえる]」）
Ⅱ（「おにごっこ　おにだけ残し　[秋の風]」）
Ⅲ（「秋の風　母の心が　[わかりだす]」）
Ⅳ（「秋風を　[のせて]ブランコが　[ゆれている]」）
Ⅴ（「秋風が　[めくる]心の　[一ページ]」）

※[　　]で囲んである箇所を次のページのワークシートでは虫喰いにしてあります。

ネットから取り出した五枚の写真はこれらの五句に対応したものです。

なお、これらの写真映像は、十年以上前にネットから取り出したもので、すでに著作権者が不明となってしまいました。残念ですが、掲載は控えさせていただきます。

虫喰いの六つの「子ども俳句」を使って、学生たちの頭を俳句モードにしていくことがこのクイズ遊びの活動を取り入れた意図です。

Ⅰの俳句に対しては、「ふりかえる」「ながめてる」「とびはねる」「なでてみる」の四枚です。Ⅱの俳句に対しては、「秋の風」「秋の虫」「秋の空」「秋祭り」です。Ⅲの俳句に対しては、「わかりだす」「わからない」「あたたかい」「ひえてくる」です。

Ⅳの俳句に対しては、欠句を二つにしておいて応用として学生たち本人に考えさせます。「のせて」と「ゆれている」という句が入れば正解とします。Ⅴの俳句も欠句は二箇所です。「めくる」「一ページ」という句が入れば正解です。

ⅣとⅤの俳句に欠句を入れる作業は、やや難度が高かったようです。なかなか出てこないときには、前の俳句の場合と同じようにいくつか手掛かりとなるカードを与えてやります。

③　欠句を埋めた五篇の俳句と黒板に貼られた写真映像とから「フォト俳句」を一句作ってみましょう。

参考作品	制作欄
赤ちゃんが　よく笑うなあ　□	
秋の風　とべたとび箱　□	

おにごっこ　おにだけ残し　［　　］
秋の風　母の心が　［　　］
秋風を　［　　］　ブランコが　［　　］
秋風が　［　　］　心の　［　　］

これまで行ってきたクイズ遊びで、学生たちの頭もすっかり俳句モードになっていますので、掲げられている写真映像と「子ども俳句」とから、「自分の生活体験を思い浮かべてそのひとコマから俳句を作る」ことを促します。

「フォト俳句」づくりの活動に際しては、右のようなワークシートを与えました。

制作については、余裕があれば一人で二句から三句まで作ってもよいこととしました。

学生たちが作った「フォト俳句」の一部を次に掲げておきましょう。

赤ちゃんの
笑顔が咲いた
春の風

赤ちゃんが
笑えば広がる
笑顔の輪

赤ちゃんの
笑顔に誰もが
いやされる

赤ちゃんの
笑顔満開
咲き誇る

赤ちゃんの
笑顔と優しい
母の顔

秋の風
両手をあげて
ハイポーズ

秋の風
跳べた飛び箱
ハイ！ポーズ

飛び箱を
やってみたら
跳べちゃった

秋風に
背中押されて
おにごっこ

秋空の
中でかけだす
おにごっこ

おにごっこ
動けば体が
ポッカポカ

おにごっこ
最初につかまる
秋の風

おにごっこ
風にまけずに
追いかける

冬休み
母のやさしさ
身に沁みる

秋の風
母の心が
様変わり

けんかして
やっと気づいた
母の愛

秋の風
母の心が
沁みてくる

母になり
ようやく分かる
親心

この季節
母の心が
ときめいた

秋風と
おどるブランコ
楽しそう

夕空に
さみしくブランコ
揺れている

ブランコに
乗り秋風が
遊んでた

重なり合う
自分の過去と
一ページ

秋の風
本と私を
乗せていく

いたずらに ページをめくる 秋の風	秋風が めくる心の ダイアリー	秋風に 後押しされて 本めくる

3 「フォト俳句」づくりの授業の意義

「フォト俳句」づくりを円滑に進めるためには、まず学習者の頭を俳句モードにしてあげることが肝要です。そのために、子ども俳句を取り上げて欠句を補うゲームを取り入れたり、取り上げた子ども俳句の情景を彷彿とさせるような写真映像を用意していくことが不可欠です。

ここで紹介した「フォト俳句」づくりの授業は、大学生を指導対象に試みたものですが、同じような方法で小学生や中学生を対象に楽しく取り組ませることが出来ると考えています。

◎　対象を限定した写真映像を触媒として、そこに自分の心情や心象、風景などを投影させながら楽しく俳句を作ることができます。

◎　写真映像の表現と五・七・五の俳句の表現とを響き合わせることを通して、新たな表現を創り出すことができます。

八　小学校全学年での短歌づくりの授業

―「だれにでも易しい」短歌づくりの証明―

1　小学校全学年で行われた短歌づくりの実践

柳原千明教諭（岩手県出身）の実践に、小学校の全学年の子どもたちを対象に行った短歌づくりの実践があります。それらの卓越した短歌創作指導については、つとに日本国語教育学会編『月刊国語教育研究』や明治図書の『実践国語研究』誌、『教育科学国語教育』誌などで報告されていました。

これらの実践が一冊の著作にまとめられました。柳原千明著『小さな歌人たち～短歌は誰にでも易しい～』（二〇二一年十一月、溪水社）という著作です。

柳原教諭のこの著作には、巻末に岩手大学の望月善次名誉教授による「画期的短歌指導本の出現～短歌三原則【「易しい」、「作れる」、「教えられる」】を具体化した待望の書～」という大変行き届いた解説が添えられています。そこには、本書が生まれるまでのいきさつ、望月と柳原教諭との出会い、柳原教諭の人となり、とりわけ「教室の教師」としてのその卓越した力量、「短歌を作らない人である柳原さん」が果たした短歌創作指導の画期的な意義などが丁寧に語り尽くされています。

柳原教諭は、「岩手県教育委員会・第一回派遣教員」として望月善次研究室（岩手大学大学院教育学研究科国

語科教育学研究室）に大学院生として学んでいました。望月善次は、国語科教育学研究者であり、とりわけ啄木短歌の研究および短歌指導研究の第一人者です。また、望月は、若い頃から自ら短歌を創作し歌集も上梓している歌人でもあります。

望月は、巻末の解説の中で「短歌を作らない人による短歌指導書の意味～『普通の教師』のものとなる短歌指導～」として、本書の意義を高く評価しています。

私も柳原教諭の短歌づくりの指導が小学校の全学年で行われてきたということの事実を高く評価しています。小学校の全学年で行われてきたというこの柳原実践は、本書の副題に掲げられている「短歌はだれにでも易しい」という宣言を文句なしに証明してみせているからです。

以下に、本書に述べられている柳原教諭の短歌創作指導の実際から、作文授業づくりに役立てていくことの出来る方法を取り出していくことにします。

2　小学一年生が「ルンルン」と短歌を作った

柳原教諭の著作の第Ⅰ章では、「短歌はだれにでもつくることができる」と宣言されています。

柳原がこのような宣言を高々と掲げられたのは、小学一年生に短歌創作の指導を行うことができたからなのです。柳原が「短歌はだれにでもつくることができる」という実感を抱いたのは、担任していた一年生の子どもたちが「ルンルン」と短歌を作ることができたからでした。そして、柳原は、「短歌は易しい」という望月善次の言葉に改めて納得したのです。

望月は、「短歌という詩型がなぜ易しいのか。」という理由を、「短歌は、五七五七七という韻律（音の種類と音の数）のうちの『律（音の数）』の制約しかないからである。」と説明しています。また、望月は「学校教育における短歌・俳句指導における最大の留意点」に関して、「それは、短歌・俳句だといって構えずにとにかく気軽に、自由にこれに戯れることである。」とも訴えています。

柳原は、望月のこのような主張に後押しされて、果敢にも一年生と共に短歌づくりの学習に取り組んだのです。さて、一年生の子どもたちは、果たしてどのような短歌を作ったのでしょうか。

論より証拠で、まず子どもたちが作った短歌作品を読んで頂きましょう。

【一年生の作品（題材は宮沢賢治作品、賢治クイズで知った賢治の人生　平成二十年度花巻市立花巻小学校】

・ジョバンニと　カンパネルラは　たびにでた　おやつももたずに　さびしくないの
・おしえてね　きらいなにんじん　どうやって　たべたらいいの　けんじせんせい
・けんじさん　ぼくとかけっこ　しませんか　かぜにのったら　ぼくははやいよ
・やまねこの　わなにかかって　しょんぼりと　かえるしんしが　やせてみえるよ
・「ほんとうの　しあわせ」という　ことだけど　しりたいような　いらないような
・よくはなく　よくみききして　わすれない　そんなこどもに　ぼくなれるかな
・ぼくはすき　ぎんがてつどう　はしるおと　うちゅうにつづく　うずまきみたい
・ともだちと　きっとうたえる　ラララララ　ほしめぐりのうた　けんじしゅうかい

・じょばんにと　かんぱねるらは　おしゃべりを　しずかにずっと　しつづけたんだ

（六三～六四頁）

右の短歌作品が作られたときの題材は、「宮沢賢治とその作品」でした。

これらの短歌を作ったのは、宮沢賢治の母校であった花巻小学校の子どもたちです。花巻小学校では、毎年学習発表会として「賢治集会」が開かれていて、賢治作品を題材とした表現活動が行われていたのです。

一年生は、六年生と一緒に『銀河鉄道の夜』を題材とした表現活動を行っていました。そこで、まずこの『銀河鉄道の夜』を題材として短歌を作らせ、次に『注文の多い料理店』、そして三回目は、「賢治さんクイズ」を行ったとのことです。

柳原教諭は、短歌づくりの題材を決めるとき、最も大切にしていることは「目の前の子どもたちの頭の中に、今、いちばん入りやすいものは何か」を考えることであると述べています。

「宮沢賢治とその作品」が題材とされたのは、このような理由に基づいています。

(1)　音読・暗唱を通して五七五七七のリズムを身体で覚え込ませる
―五七五七七のリズムで短歌に親しみを持たせる―

柳原教諭は、子どもたちに短歌を作らせる学習指導を次のような三つの段階で行っています。

一　短歌の下地をつくる段階（音読・暗唱で短歌の韻律（厳密には律）を体感する段階

二　短歌をつくる段階＝六つの手立て

①　これも短歌／身の回りの題材でつくった短歌を子どもに示す
②　五七五七七の確かめ／五七五七七の定型を確かめる
③　題材／何をもとにつくるのか短歌の題材を知る
④　言葉みつけ／五と七で表せる言葉をみつける
⑤　言葉選び／定型に合わせて五と七の言葉を選び、五七五七七に分けて印刷されたプリントに書く
⑥　短歌カウンセリング／「短歌カウンセリング」を経て清書する

三　短歌を読み味わい、歌会をする段階

（三四頁）

柳原教諭は、この三つの学習指導過程を、「声に出して読んで、慣れてきたら、つくって、つくったら互いの作品を鑑賞しあって、またつくる、という積み重ねのこと」なのだと、平易な言葉で言い換えています。

柳原教諭が一年生に暗唱させた短歌作品は二十首でした。選び出した基準は、「基本として定型」であることと、「親と子どもが共有感をもてる作品」でした。一年生であることを考慮し、親子で「共有感」をもって暗唱し合える場面を想定しての配慮であったようです。これは素晴らしい配慮であったと言えます。幼い子どもたちの音読・暗唱活動には、家族の援助活動も大切な要素と考えられるところです。

音読・暗唱に要した期間は、八週から九週間に及んでいるようです。

暗唱する短歌作品には、啄木短歌や宮沢賢治、俵万智などの作品を織り交ぜて使用したとのことです。

ちなみに、一年生で使用された短歌は次のような作品です。

不来方の／お城の草に／寝ころびて／空に吸われし／十五の心
やはらかに／柳あをめる／北上の／岸辺目に見ゆ／泣けとごとくに
かにかくに／渋民村は／恋しかり／おもひでの山／おもひでの川
盛岡の／中学校の／露台の／欄干に最一度／我を寄らしめ
ふるさとの／山に向かひて／言ふことなし／ふるさとの山は／ありがたきかな
東海の／小島の磯の／白砂に／我れ泣きぬれて／蟹とたはむる
ふるさとの／訛なつかし／停車場の／人ごみの中に／そを聴きにゆく
晴れし空／仰げばいつも／口笛を／吹きたくなりて／吹きてあそびき
（以下略）　（三九～四十頁）

これらの短歌を音読・暗唱させたのは、短歌の持つ韻律（リズム）を身体で覚え込ませるためです。

⑵　短歌づくりのための六つの手立て

続いて、いよいよ短歌を作る段階の学習指導です。

指導に要した時間は、一〇〇分で、先に引用したような六つの手立てが講じられています。

順に、六つの手立ての概略をみておきましょう。

① 「身の回りの題材でつくった短歌を子どもに示す」

ここで示された短歌は、子どもたちが短歌づくりに入るための参考教材となります。それだけに、子どもたちにとって親しみ深い身近な題材で作られた作品が必要となります。

柳原教諭が子どもたちに提示した作品は、次のようなものです。同僚の教師が作った作品とのことです。

・「ぱれっとに／だいすきないろ／ならべたら／きらきらひかる／ぼくだけのにじ」
・「おべんとう／だいすきなもの／いっぱいで／えがおいっぱい／げんきいっぱい」

これらの作品は、子どもたちに大変歓迎されたとのことです。この作品との出会いが「短歌と子どもたちとの距離感」をぐっと縮めたようです。

② 「提示した短歌や啄木短歌で五七五七七の定型を確かめる」

この段階では、子どもたちに対して、先の同僚教師が作った二つの短歌が五・七・五・七・七の形になっていることを確かめ、これまで暗唱してきた「啄木短歌」も同じ形となっていることを確認させています。

ここまでの所要時間は、①と②の活動を合わせて三〇分程度であったとのことです。

③ 「短歌の題材を知る」

いよいよ子どもたちが作る短歌の題材が与えられます。ここで与えられた題材が先にふれた「宮沢賢治とその作品」でした。柳原教諭は、子どもたちに与える題材を「目の前の子どもたちの頭の中に、今、いちばん入りやすいものは何か」という観点から取り上げることにしているとのことです。

ここでは、当時開かれていた「賢治集会」で取り上げられていた『銀河鉄道の夜』、『注文の多い料理店』が題材となり、次に「賢治さんクイズ」が行われ、賢治にまつわる出来事も題材とされました。

④「五と七で表せる言葉をみつける」

ここでは、短歌の五と七で表せる言葉を紡ぎ出させる活動を行っています。『銀河鉄道の夜』や『注文の多い料理店』の紙芝居を使用しています。紙芝居の場面を黒板に掲示しながら、思いつく言葉を五や七で表して発表させています。

こうして思いついた言葉は、短冊様の用紙で五は「ピンク色」、七は「水色」に分けて書かせています。

⑤「定型に合わせて五と七の言葉を選び、五・七・五・七・七に分けて印刷されたプリントに書く」

集められた五と七の言葉を使って、教師が短歌を作ってみせます。

子どもたちも、同じ要領ですぐに短歌を作っていきます。だが、しばらくすると、子どもたちの中から「言葉を変えてもいいか」「黒板にない言葉を使ってもいいか」という要望が出てきました。

もちろん、子どもたちのこの要望は奨励されています。そして、短歌がどんどん作られていきました。

⑥「短歌カウンセリング」を経て清書する

「短歌カウンセリング」とは、教師と子どもたちとで行われる短歌の推敲作業のことです。作ってみても自分の作品に納得できない子どもの「言い分や悩み」を聞いてやり、子どもたちが納得する作品にすることができるように導いてやるのです。

この作業の中では、「すっきりしないところ」があれば、それに「あうような複数の言葉を例示」してやります。例示してもらった子どもは、その中から適切な言葉を選んだり、「似た言葉を考え」たり、「並び替えたり」していきます。

うまく「定型にならない場合」には、「つくってきたものを一行に書き表し、直す」作業を手伝ってやります。

(3)「作品鑑賞会」としての「歌会」を行う

歌会は、次のような手順で行われています。

① 子どもたちの短歌作品を提示する。
(作品には番号をつけて提示。「○番歌」のように言うことを知らせておく。五首程度が良い。作者名はこの段階では知らせない。)
② 作品を音読する。
③ 一番好きだ、いいなと思う一首を選び、投票カードに記入する。
(投票カードといっても、B5判などのコピー用紙を四等分した程度の大きさの白紙。)
④ ワークシートには、選んだ短歌の番号と理由を書く。

⑤　投票カードを集め、開票する。
⑥　どの短歌のどんなところがいいか話し合ったり、発表し合ったりする。
（⑤と⑥は順番が逆になっても全くかまわない。子どもが話し合ってから開票するのが、よいか、開票してからのほうが、良さを話し合いやすいか、子どもとねらいに合っている順番が大切。）
⑦　作者を紹介する。
⑧　歌会の感想を書き、発表し合う。
（五二一～五三頁）

柳原教諭は、歌会の良さについて、子どもたちが「またつくりたい」という、次の作歌活動への意欲につながることを挙げています。

歌会を通して、お互いにクラスメートの作品を読み味わい、評価し合うことは、与えられた題材への見方や考え方、言葉の選び方などについて、その幅を広げ深めていくことに寄与しているはずです。

3　他者の「伝記的事実」の教材化による題材の掘り起こし
―他者の生活・人生に自分の生活実感や願いを投影させる―

⑴　他者の生活・人生の中から題材を取り出させるという方法の意義

柳原教諭が採られた短歌創作指導で、私がとりわけ注目させられたのは、他者の「伝記的事実」を教材化しそこから題材を掘り起こさせるという趣向です。

従来の作文指導では、一般的に子どもの生活現実を見つめさせるところから題材の掘り起こしをさせることが常套的な手法となっていました。

私は、こうした手法にかねてより異論を提起してきました。この問題に関しては、本格的に論じていきますと在来の作文教育観を根底から問い直すことになりますので、ここでは深入りすることは避けておきます。

そこで、結論めいた持論を手短に述べておこうと思います。

要するに、子どもたちの日常生活一般から題材を掘り起こさせるのには、対象とする生活が広すぎるし多岐にわたっていて、子どもたちには簡単に焦点が絞りにくいという難点が横たわっているということです。

子どもたちにとっては、取り上げるべき価値ある題材が取り出しにくいということになります。

実際には、日常の平板な生活の中にも、作文として取り上げるべき価値ある題材は潜んでいます。しかし、その価値ある題材を掘り起こすことがそれほど容易いことではないということなのです。

その作業は、子どもたちに要求するには、あまりに敷居が高いのです。そうした作業は、いわば職業的作家が担うべき仕事だったのです。

子どもたちにとっては、日常の生活は特別な事件でも起こらなければ、平板に流れていてわざわざ苦労して作文に書くほどの価値が見出せないということになるのです。

その点、柳原教諭が取り上げた宮沢賢治や石川啄木の「伝記的事実」は、担任学級の子どもたちにとっては全国的に名の知られた、しかも身近な故郷の人物に関わる事実です。

つまり、賢治や啄木は自分たちの故郷が産んだ有名人です。その彼らがどのような人生を歩んでいったのかということは、子どもたちにとって大変関心を持ちやすいことです。ですから、その「伝記的事実」は、作文の題材として焦点も絞りやすいということになります。

このように述べると、こうした他者の「伝記的事実」では、子どもたちの生活現実から遊離した現実感の乏しい内容の作文になってしまうのではないかとの異論も聞こえてきそうです。

しかし、その心配は無用なのです。子どもたちが書いたものをよく読んでいきますと、そこには一見虚構とも見える他者の「伝記的事実」から題材を取り出して書かれた作文の中にも、子どもたちの生活現実が間接的に投影されてきているのです。

いや、むしろ他者の「伝記的事実」であるからこそ、子どもたちはその作文の中にあまりためらうことも抵抗もなく自分の生活現実を投影させることが出来るのです。

要するに、柳原実践の中では、子どもたちは賢治や啄木の「伝記的事実」を通して、結果的に自分たちの生活現実を見つめていくことになるのです。

(2)　宮沢賢治の「伝記的事実」から短歌創作に導く実践

柳原教諭がまず宮沢賢治を取り上げたのは、彼女が賢治の母校であった花巻小学校に勤務していたからでした。六年生を対象とした「新しい賢治の世界を知ろう」と題した単元における実践です。それは、最も手近にある「地域文化」を生かした「教材の開発」とも言えます。

ここで、まず注目させられるのは、この「教材の開発」方法です。

柳原教諭は、「半未知・半既知情報」すなわち「未知」でも「既知」でもない「知っているようで知らない情報」が「子どもたちの学ぶ意欲を喚起するかもしれない」と考えたのです。こうした考え方は、外山滋比古の『思考の整理学』から得たヒントであると述べています。

柳原教諭は、「身近な事柄こそ、意外に『知っているようで知らない』もの」だから「自覚して、知り始めると、

『そうだったのか』といった驚きと新鮮さがともない、それが意欲につながっていくのだ」（六八頁）と考えたのです。

柳原教諭は、この着眼点に関して次のように述べています。

例えば、賢治が「童話や詩を作ったすごい人」と思っている子どもたちにとって、「希望を失い落ちこぼれ同然の優秀でなかった時代があったこと」「意外にやんちゃな学生時代を過ごしたこと」「家出同然で上京していること」「親に反抗的な態度を取っていたこと」「『雨ニモマケズ』を作った頃のこと」などの事実は、子どもたちにとっては新たな賢治の姿だ。
また、賢治の創作人生が「短歌に始まり、（二十五才までは、ほぼ短歌のみをつくっていた）短歌に終わったこと」も驚きの事実、まさに、賢治の伝記的事実は「半未知・半既知情報」なのだ。（六九頁）

柳原教諭のこの「子どもたちの学ぶ意欲を喚起」させるための「半未知・半既知情報」への着眼には、「教材の開発」方法としてとても感心させられます。

では、柳原教諭がこの「半未知・半既知情報」としての「賢治の伝記的事実」を子どもたちにどのような手順で出会わせていったのか、その実際をみていきましょう。

この実際の指導の中にも、なかなか行き届いた工夫がなされていました。

①「○×クイズで伝記的事実を揺さぶる」、②「短歌で賢治の人生をたどる」、③「本物をみせる」という三段階の手順が踏まれています。ここまでの指導時間は、ほぼ七時間となっています。

①の「○×クイズ」は、全部で十問にわたります。例えば、次のようなクイズとなっています。

> 第三問　小学校卒業後、盛岡中学校（現岩手県立盛岡第一高等学校）に入学した賢治の成績は小学校と同じように優秀な成績であったか。○か×か。
>
> 正解は×。
> 卒業するときははっきり言うと落ちこぼれ。山登り、野や川歩き、石拾い、哲学書、文学など、好きなことを心の赴くままにして、過ごした。
> ＊教科によっては試験結果が40点以下のものもあった。数学、科学などは要注意と学校から家へ報告されている。卒業の時成績表は学年80人中60番の成績であった。
> （以下略）

このようなクイズを通して、賢治の誕生から、小・中学校時代、その後の歩み、亡くなるまでを概観できるように丁寧にさらっていきます。謎解きのようなクイズを通して、賢治の「伝記的事実」を少しずつ解きほぐし、子どもたちの関心を引きつけつつ、そこから題材を豊かに取り出させる趣向となっています。

②では、賢治が盛岡中学から盛岡高等農林学校時代までに詠んだ短歌を賢治の人生と重ねて八首読ませています。賢治が詠んだ実際の短歌を読ませることで、彼の人となりを感じ取り、短歌のリズムを体感するという成果も得られたと考えられます。

③では、「本物は説得力がある」という思いから、宮沢賢治記念館に出かけて童話作品の生原稿を見学させたり、賢治ゆかりの地を訪ねるという活動を組み込ませています。それらのゆかりの地は、花巻小学校から全て徒歩で行くことができる場所ばかりでした。これは、現地での取材活動に通じています。地の利を生かした取って置きの活動と言えます。

①から③までの指導は、いずれも実際の短歌創作に大いに役立ったようです。やはり、現地での取材活動は、子どもたちに豊かな手掛かりを与えたようですが、主要には、①での「○×クイズ」による「伝記的事実」からの題材の掘り起こしが、短歌創作に際しての有力な手掛かりを与えていたと考えられます。

この六年生の子どもたちが作った短歌は、第二部に全員の作品が掲載されています。その一部を次に引用しておきましょう。

・「日輪と山」　本物の　作品は　ぎゅっとつまって　迫力がある
・絵も描ける　そんな賢治も　体育は　苦手なところ　私と似てる
・希望なく　勉強やらず　つまらない　日々を送った　日もある賢治
・春と修羅　永訣の朝　松と針　ほかにもあった　賢治の原稿
・賢治さん　絶筆二首の　あの字には　死を前にして　何を思うか
・この道を　賢治さんも　歩いたと　しみじみ思い　ゆっくり歩く
・建物に　賢治の面影　さがそうと　照井だんご屋　ぐるりと見回す
・賢治の字　日本語だけど　読めません　でもそれがいい　一つの魅力

（八一頁）

二首目の「私と似てる」、三首目の「勉強やらず」などに自分の生活実感を投影し賢治を身近に感じている様子が顕れています。

五首目の「死を前にして何を思うか」には、賢治の心境に思いを寄せている様子が窺えます。

六首目と七首目には、郷里が産んだ歌人である賢治への親近感がよく顕れています。

八首目も賢治の特長のある読みにくい字に共感をよせている様子が窺えます。

他者の生活・人生に対して親近感を抱き、子どもたち自身の生活実感や願いを投影させている様子が顕れていることが分かります。

(3)　石川啄木の「伝記的事実」から短歌創作に導く実践

この実践は、四年生と五年生を対象に行われています。

宮沢賢治を対象とした実践の場合と大きく異なるのは、柳原教諭の「自作の啄木の伝記的事実」を「読み物資料」として用いるという趣向です。

柳原教諭が作成した啄木の「伝記的事実」に基づいた「読み物資料」は、七ページに及ぶ詳細なものです。

ここに紹介できないのは残念ですが、この柳原教諭自作の〈伝記物語〉も取って置きの「地域文化」を生かした「教材の開発」という熱意と意図があらわれていて大変感心させられた点です。

指導者自らも啄木の〈伝記物語〉を創作することで、身を以て文章を書くことの楽しさを示しています。そこに、作文教材開発の意義を認めることができます。

この〈伝記物語〉には、啄木の誕生から幼少時や盛岡中学校での生活、その人となり、その後の生活の様子と歌人としての活躍の様子などが具体的に分かりやすく描き出されています。
なお、この啄木を対象とした実践では、先の賢治を対象とした実践の場合のような具体的な指導の手順は示されていません。基本的には、賢治の場合と同様の指導の手順が採られていたと考えてよいと推察されます。
以下には、四年生と五年生の短歌作品の一部を掲げておきましょう。

【四年生の作品（自作の啄木伝記を読んで知った啄木の人生）】

・ほっぺたに　できるえくぼは　男なら　かくしたくなる　時はないのか
・啄木の　顔はとっても　かわいいの　今ならジャニーズ　きっと入れる
・カステラと　バラの香りが　すきだとは　甘い香りに　ひかれるんだね
・啄木の　ほんとの名前　知ってるよ　はじめという名の　おわりの末っ子
・成績が　いいとはいったい　どれくらい　一〇〇点とって　いたのか神童

（九一頁）

【五年生の作品（自作の啄木伝記を読んで知った啄木の人生）】

・結局は　みんなが愛す　啄木の　ような男に　ぼくはなりたい
・啄木は　必死に生きた　歌人です　汗も涙も　歌にあります
・一生は　山あり谷あり　くりかえし　いろいろあるけど　それが人生
・啄木は　決断すると　すぐ動く　そんな啄木　見直したんだ

・苦しくて　どん底にいる　啄木さん　バラのかおりで　リフレッシュした？
・啄木は　たくさん短歌　作ったね　もっと長生き　できたらよかった　（九二頁）

四年生の短歌には、「男ならかくしたくなる」とか「顔はとってもかわいいの」、「ほんとの名前知ってるよ」といった言葉に、啄木を身近に感じて共感を寄せている様子が窺えます。「成績がいいとはいったいどれくらい」という言葉には、作者の生活実感が顕れているようです。

五年生の短歌には、「ぼくはなりたい」という言葉に作者の願いが表され、「必死に生きた」とか「山あり谷あり」、「決断するとすぐ動く」、「苦しくてどん底にいる」といった言葉に、啄木の人となりや生き方への共感と同時に子どもたち自身の日常における生活実感や考え方が投影されていると考えられます。

4　短歌創作学習の参考教材としての「歌集『小さな歌人たち』」

柳原教諭の著作に収録されている第Ⅱ部「歌集『小さな歌人たち』」は、短歌創作学習のための参考教材として活用できます。小学校全学年の子どもたちが作った短歌作品の全児童分が掲載されているからです。

柳原教諭は、望月善次の論考から「伝統詩型という重み、名歌・名句を中心とした教科書収載作品などの影響が短歌・俳句に自由に戯れることを拒んできたのである。」いう一節を引用しています。

確かに、教科書には、古典短歌・俳句、著名な歌人・俳人の作品だけしか掲載されてきませんでした。ですから、子どもたちにとっては、短歌・俳句がとても手の届きそうもない縁遠い存在となってきたのです。

こうした教科書に掲載された短歌・俳句を読んでも、子どもたちには、とてもこのようなものが作れるとは思えないはずです。親しみも湧いてこないはずです。子どもたちにとっては、古典短歌・俳句、著名な歌人・俳人の作品はとても敷居が高すぎるのです。こんなことは、分かりきったことであるはずです。

私は、長く小・中学校の国語教科書の編集に携わってきました。そこで、俳句の鑑賞教材に「子ども俳句」を掲載すべきではないかと繰り返し提案してきました。全国的に「子ども俳句」コンクールが開催されているからです。ところが、教科書に掲載するには、一定の評価の定まったものでないと検定に引っかかるからといった理由で「子ども俳句」の掲載は却下されていました。「子ども俳句」では鑑賞に耐えないというのでしょうか。

それならば、俳句の創作を勧める教材の中でということで、そこに「子ども俳句」を掲載することを認めさせました。最初は、それにもかなりの抵抗がありました。学習指導要領で俳句の創作が要請されていても、現在なお、教科書への「子ども俳句」の掲載が積極的になされているとは思えません。

第五章と六章でも取り上げましたが、青木幹勇に『子どもが甦る詩と作文—自由な想像＝虚構＝表現—』という著作があります。この中で青木は、長いこと作文教育を呪縛してきた「リアリズム作文」へのこだわりから抜け出して、「虚構の作文」へと子どもたちを誘ってみてはどうかと提案しています。

さらに、青木は『俳句を読む、俳句を作る』という著作の中で、「物語を読んで俳句を作る」という従来の作句の常識を打ち破る実践を紹介しています。例えば、新美南吉の「ごんぎつね」から俳句を作らせるという試みです。この実践は、画期的な試みでした。俳句界には、「伝統の写生主義」という呪縛があり、「物語を読んで俳句を作る」などという考えは、俳句界においては想像だにされなかったことでしょう。

青木は、自らも戦中・戦後と作句を続けてきた人です。授業の中でもしばしば俳句の指導を行ってきました。しかし、満足のいく授業は一度もなかったと述懐しています。

ところが、青木は、その頃、日本航空広報部編『俳句の国の天使たち』（一九八八年一月、あすか書房）や楠本憲吉・炎天寺編『句集・小さな一茶たち』（一九八八年十一月、グラフ社）などに収録されていた子ども俳句を読んで、それらの「俳句に目を覚まされ」ることになります。

そこで青木は、「これまでの俳句教材を、新鮮にはねている子ども俳句に取り替え」たというのです。しかも、作句の方法についても「伝統の写生主義にこだわらず、子規も許容し、奨めている想像による味つけの表現法を工夫」することにしたのです。

私は、青木のこうした試みを知って大変ショックを覚えました。青木の著作『子どもが甦る詩と作文』が著されたのは青木が八十八歳の時のことでした。戦中・戦後と長い歳月を教壇に立ってきた青木ほどの大ベテランが、永年の俳句指導の果てに辿り着いたのが子ども俳句に触発されて試みた「物語俳句」づくりの授業であったという事実に驚かされたのです。

青木の実践報告から、俳句界における「伝統の写生主義」の呪縛や、従来の綴り方・作文教育における「リアリズム作文」からの呪縛に私たちがいかに絡め取られてきたことか、大人の側からの考え方、大人の思考の枠組みに囚われたいき方に、どれほどがんじがらめにされてきたかを思い知らされて愕然としたのです。

同時に私は、このような大人の思考の枠組みに囚われた教材観や教育観の大転換をやってのけた青木のしなやかな発想に瞠目させられたのでした。

話題が大きく逸れましたが、柳原教諭が取り組んだ小学校全学年の子どもたちを対象にした短歌創作指導の実際には、青木が取り組んだ「物語俳句」づくり（＝「フィクション作文」）という発想に通じる趣向がみられるというのが私の受け止め方です。

賢治や啄木の「伝記的事実」を、子どもたちと教師との「〇×クイズ」や教師が自ら創作した「伝記物語」によってあぶり出し、そこから短歌の題材を掘り起こさせるという趣向には、青木が「ごんぎつね」という虚構の物語から俳句をひねり出させた趣向に重なるものがあるように思われます。

その両者に重なっているものとは、子どもたちの生活現実からストレートに短歌や俳句を作り出させるのではなく、虚構の物語や他者の「伝記的事実」という触媒を用いることで作歌・作句に導くという手法であると考えています。

柳原教諭の著作の第Ⅱ部の「歌集『小さな歌人たち』」には、小学校全学年の全児童の短歌作品が収録されています。それだけに、これらの短歌作品は、短歌創作が「だれにでも易しい」ことを証明するものでもあります。そして、これらの短歌作品は、今後、小学校での短歌創作学習のための参考教材として活用していくことができるのだと言えます。

5　小学校全学年での短歌づくりの授業の意義

柳原千明教諭が小学校全学年の子どもたちを対象に取り組んできた短歌づくりの作文授業としての意義を次のようにまとめることができます。

◎音読・暗唱を通して五七五七七のリズムを身体で体得させ、短歌に親しみを感じさせることができます。
◎他者の「伝記的事実」に自分たちの生活体験や生活実感を投影させることを通して、自らの生活現実を見つめ直すことができます。
◎五七五七七の定型に合う言葉を紡ぎ出すことを通して思考力を養い表現力を陶冶することができます。

九　「パロディ短歌」づくりの授業

1　「百人一首」からパロディ短歌を作る

柳瀬昌子教諭（奈良県出身）の実践に「百人一首」から中学生に「パロディ短歌」を作らせるという趣向の指導があります。柳瀬昌子著『楽しい作文教室』（一九八〇年四月、第一法規）の中に紹介されています。

柳瀬教諭は、この本の「あとがき」の中で、「作文ぎらいの子がいるということは、教師の取組み方に、いま一歩の努力と創意工夫の余地があることを物語るものではなかろうか」と述べています。

この本の中には、柳瀬教諭の作文学習を楽しいものにするためのアイデアに溢れた実践が数多く紹介されています。例えば、「四こま漫画の技法を取り入れたコントの創作」、「古典に親しむ表現学習のすすめ」では、『俊寛物語』を書く」とか、「歌の心を素材にして創作する」といった作文学習などです。

その中から、ここでは、「パロディ短歌」づくりを紹介してみましょう。

「中学生百人一首パロディ」の実践は、次のように構想されています。

〔課題〕百人一首の歌の中から、もとにしたい歌を決め、中学生活の中で味わうユーモアやペーソスを盛りこんでパロディを作ろう。

〔条件〕もとになる歌のある部分（例えば五音か七音の語を一～二か所、あるいは歌の中の単語のいくつかなど）を残して、もとの歌のふんいきをとどめること。

〔学習過程〕

1　もとの歌の意味を調べる。

2　パロディのおもしろさを発見する。

◯　先輩の作品を資料にして、パロディと、もとの歌とを比べて、パロディのおもしろさを見つける。

3　自分のテーマを決め主題文を書く。

主題　①試験日が迫ってきて心が重い。②答案がうまく書けずがっくり。③バレンタインデーの日の私、など。

主題文の例

①　もみじは美しくもえているが、期末試験をま近にひかえた私の心は暗い。

②　試験当日、必死で答案を書く。しかし、自信がなく書いては消ししているうちに時間終了となった。ああ、こまった。

③　バレンタインデーの日には、ふだんとうってかわったしおらしさで、彼にチョコレートをわたした私である。

4　テーマに沿ってブレンストーミングをしことばを集める。

〈もとの歌〉　奥山にもみじ踏みわけ鳴く鹿の声聞くときぞ秋は悲しき

〈残す部分（・印）と替える部分（［　］印）〉
奥山に ［七音］［五音］［七音（ぞ）］ 秋は悲しき
（以下略）
（三〜四頁）

このような構想の下で作られたパロディの「作品例」として次のようなものが紹介されています。

○奥山にもみじはもえて期末テスト近づくときぞ秋は悲しき
○テスト見てマルをかぞえて泣く母の声聞くときぞぼくは悲しき
○奥山にもみじは赤くゆくわれの心は暗く期末近づく
○春の夜の夢ばかりなるうたた寝で名門に入らぬ名こそ惜しけれ
○書いては消し時間終了答案の白きを見れば目ぞくらみける
○心にもあらず今日だけはしおらしいふりしてわたすチョコレートかな　（バレンタインデー）
○相見ての後は互いに安堵して物も思わぬ通知簿かな
○天つ風雪の通い路吹きとじよスキー出発しばしとどめん
○かけた山はずれてくやし心あらばいまひとたびの追試験あれ
○名にし負わばわがライバルよ打ってみよ人に知られず伸ばしたこの腕
○もろともにあわれと思え君もわれも五十より上は知る点もなし
（六頁）

なお、柳瀬教諭は、生徒に「中学生活に取材したパロディのテーマ」として、「試験勉強」「高校入試」「クラブ活動」「修学旅行」「文化祭」「体育大会」「試合」「教室風景」「音楽会」「宿題」「登下校の道」「深夜番組」「テレビ」「塾がよい」「そうじ当番」「運動場」「友情」「寒げいこ」などを例示してやっています。

「パロディ短歌」づくりへの手掛かりを与えるための手立てとして見過ごせない点です。

2　「近代短歌」からパロディ短歌を作る

柳瀬教諭は、「近代短歌」からパロディ短歌を作らせる指導も行っています。

指導の手順は、基本的に「百人一首」から作成する場合と同様です。

指導の際には、生徒が制作に取り組みやすいように次のような「学習用紙」が与えられています。

なお、このような用紙は、「百人一首」からの制作に際しても与えられています。

ここでは、「近代短歌」からの制作の際に使用された「学習用紙」を引用しておきます。


「パロディ作りメモⅢ（近代短歌から）」

5	7	5	7	7
幾山河	越えさり行かば	寂しさの	果てなむ国ぞ	今日も旅ゆく

幾山河	不来方《こずかた》の	（試験みな） （　　） 難問の	**何となく**	何となく
（越えても試験） （　　） はちまきしめて 越えさりゆけど	お城の草に	（終わった午後は） （　　） 解けてはればれ 解けぬくやしさ	君に待たるる	（今日は勝てそな） （発言したい） （　　） （山あたりそな）
（ない国は） （　　） 問題集 成績は	**寝ころびて**	寝ころびて	**ここちして**	ここちして
（どこにも見えず） （　　） やれども果てず よくならずして	空に吸われし	（かべも破れる） （　　） （口笛ひとり）	出でし花野の	出でし（玄関） （言えば教室） （　　） （かけたらくやし）
今日も旅ゆく	**十五の** 心	十五の（いびき） 十五の（　　） 十五の心	夕月夜かな	（拍手万雷《らい》） （拍手にわきぬ） （　　） （またもはずれぬ）

右の「学習用紙」では、取り上げられた近代短歌の中で、五音・七音の空欄部分がそれぞれ異なっています。変化をもたせることで、作品が同じパターンに陥ることを避けているのです。

また、空欄部分には、いくつかの例句を示して、パロディの広がりを導くように配慮されています。このような「学習用紙」を作成するときの指導者の工夫したところとして注目させられます。

こうした「学習用紙」に基づいて制作されたパロディが先に紹介したような作品です。

中学生を対象にした短歌づくりの実践は、やはり敬遠される傾向にあります。短歌制作への敷居を低くして楽しく取り組めるような実践として、柳瀬教諭の「パロディ短歌」づくりの試みは、この実践が行われた当時においては画期的な意義を持つものと考えられます。

3　「パロディ短歌」づくりの指導の意義

柳瀬昌子教諭が中学生を対象に行った「パロディ短歌」づくりの作文授業の意義を次のようにまとめることができます。

◎　百人一首やよく知られた近代短歌のリズムとテーマに触発されながら、ブレーンストーミングによって自分の生活を投影させ楽しく短歌づくりに取り組むことを可能にしています。

◎　ブレーンストーミングの手法を用いたパロディ短歌づくりによって、平素の生活の中から題材を取り出し、ことばを紡ぎ出すことを容易にしています。

十　「虚構の詩」づくりの授業

1　「虚構の詩」づくり

国語の教科書にはほとんど全学年にわたって詩の教材が取り上げられています。鑑賞指導のための教材です。この鑑賞指導というのがなかなか厄介者のようです。このような教材が教科書に載っているから国語の指導が億劫になってしまうという御仁もおられることでしょう。

本章では、詩の鑑賞指導でもままならないというのに、なんと詩の創作の指導に取り組んでみましょうという提案です。

実は、詩の創作指導の提案は、第二章の「『一行詩』アラカルト作文」に続いて二回目となります。「ナンセンス一行詩」によるユーモア感覚の陶冶、感受性豊かな表現の開発、コピー感覚による躍動感に溢れた表現感覚や鋭い語感の陶冶を目指した提案でした。

さらに、第六章では「物語から俳句を作る」と題して、「ごんぎつね」などの物語から「虚構の俳句」をひねり出そうという「物語俳句」づくりの提案を紹介しました。

子どもに俳句を作らせることができるなら、詩を作らせることも可能なはずです。いや、是非とも可能にしなければなりません。

この「虚構の詩」づくりの授業も、実は「物語俳句」づくりの提唱者である青木幹勇の実践によるものなのです。この実践は、青木幹勇著『子どもが甦る詩と作文―自由な想像＝虚構＝表現―』（一九九六年十月、国土社）の中に紹介されています。

この本は、青木が八十八歳の時に出版されたものです。青木は、教壇を退いてからも全国の教室に招かれて飛び入りの授業に取り組んできました。

「虚構の詩」づくりの実践は、この飛び入り授業に取り組む中で創り出されたものです。

青木のこの「虚構の詩」づくりの授業は、一九九三年六月二六日（土）に千葉市立緑町小学校の六年生を対象に行われています。ちなみに、青木がこの授業を行ったのは、八十五歳の時でした。青木の考え方の柔軟さに驚きを禁じ得ません。

詩の創作指導の原理を解き明かしてくれている優れた実践です。

２「ウソの中の真実」

青木幹勇の「虚構の詩」づくりの実践では、先に紹介した「物語俳句」づくりの実践と同様、これまで「子どもたちの作文から、遠ざけられ、子どもの表現意識の中に、閉じこめられて」きた「フィクションの世界に着眼」し、その解放が試みられています。

青木のこの「フィクションの世界」への着眼は、従来の「生活をリアルに」書かせようとしてきたいわゆる「生活作文」への「こだわりをゆるめ」ようとの意図から生み出されました。

しかし、その意図は決して子どもの生活における真実をないがしろにするものではないのです。むしろ、子どもたちが「表現する虚構の中に自然や社会、自他についての省察」が窺われ、「虚構作文といっても現実とまったく切り離した世界を書くことではない」（二九頁）という確信に基づいたものだったのです。

青木は、「虚構の詩」づくりの指導に際して、子どもたちに「したことよりも、心の中で考えたこと、想像したこと、それはウソでも、作りごとでも結構」ですと助言しています。

そして、作りごとやウソといっても、それは「まんざら荒唐無稽の話」ではなく、「ウソの中にしばしば真実が書ける」のであると述べています。

これは、実際に子どもたちが書いた「虚構の詩」の中から青木が導き出した結論なのです。

以下に、青木の授業の実際をみていくことにしましょう。

3 「虚構の詩」づくりの授業の実際

青木が千葉市立緑町小学校での授業で使用した教材は、秋原秀夫の少年詩「すずめ」（秋原の詩集『地球のうた』所収）です。秋原もこの授業を参観されていたとのことです。

では、青木の授業の実際を主なポイントに焦点を絞ってたどってみましょう。

(1)「詩」の学習に関する説明

まず、導入の段階で「詩」の学習についての説明を次のような板書を用いて行っています。

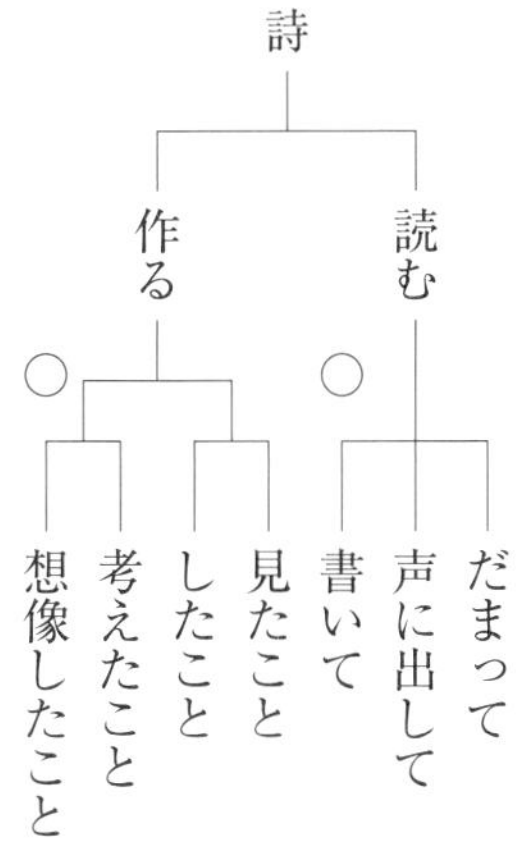

本時は、「詩を読む」「詩を作る」の両方の学習を行うが、狙いは「作る」ことにあること、しかも、「想像したこと、それはウソでも、作りごとでも結構」であると強調しています。

この導入の指導は、四、五分で行っています。

(2)教師と子どもが一緒に教材を「視写」

ここでいよいよ教材を提示しています。

この提示の仕方が一つのポイントとなります。

印刷した教材を配るのではないのです。教師が音読をしながら、黒板に「すずめ」の詩を書いていきます。

子どもたちは、教師が読む声を聞き、板書を見ながら教材をノートに視写するのです。

教師の音読を聞くことと板書を自分たちで視写することによって、教材への理解はかなり深まります。

なお、詩の題名は、□にして伏せられています。子どもたちの興味をかき立てようとする意図からです。次のようなテキストが黒板と子どもたちのノートに作られることになります。

「視写」の意義については、青木著『第三の書く—読むために書く　書くために読む—』（一九八六年八月、国土社）に詳しく述べられています。

その意義は深く広いが、簡単に言えば、筆端で理解することと同時に、その理解に触発されて表現への意欲も促されるといったところにあるということです。

この視写の時間に青木は、五分〜七分を予定しています。視写が終わったところで、全員で音読を「ゆっくり、明るく、リズミカルに三、四回」行います。

六年生にしては、比較的平易な詩が選ばれています。狙いが詩の鑑賞にあるのではなく、その詩を触媒として子どもたち自身が詩を創作するところにあるからです。

羽の色も鳴き声も
目立ちませんが
朝は早起きです

家の近くに住んでいますが
人にはなれません　（原文「馴れ」）
でも子どもは大好きです

小さくて力が弱いので
仲間といっしょに行動します
暴力はきらいです

秋の田んぼではきらわれますが
害虫を食べることも
わすれないでください

平凡でいいから
明るくたくましく
生きたいと思っています

(3) 「想像―変身のシチュエーション」を捉えさせる

次は、創作への手掛かりを与える作業に入ります。

詩の叙述を次の三点から読み分けさせます。

(1) この詩の中で、作者がじかに見て書いたなと思われるところはどこか。行の上に――――○
(2) 想像で書いてあると思われる行の上に――――□
(3) この小鳥の、心を書いてある行の上に――――△

○は第一連全体、□は第二、三連の三行目など、△は四、五連に付けられることが予想されています。

この詩のおもしろさが「小鳥の心」を「詩人独自の想像」で書いているところにあることに気づかせる作業ということになります。

「子どもは大好きです」、「暴力はきらいです」、「害虫を食べることも／わすれないでください」、「明るくたくましく／生きたいと思っています」などの箇所が「作者が雀に代わり、雀になって書いている」ということに気づかせようとしているのです。

そして、要は、この詩全体が「作者が雀になって（同化）して書いている」こと、すなわち「想像―変身のシチュエーション」に立って書かれていることに気づかせるという趣向なのです。

なお、青木は、「羽の色も鳴き声も目立ちませんが」、「家の近くに住んでいますが」、「きらわれますが」の三つの接続助詞「が」を取り上げて、「逆接的な機能」に関心を寄せる指導も行っています。

この点は、この詩のクイズ形式風の構造を成り立たせている重要なポイントです。

実は、青木は、この後の詩の創作に際して、この構造をマネさせることはしていないのです。この「……ですが……です。」という形式を踏まえて創作をさせるという趣向も一つの方法であったかもしれません。また、題名も［　　］と伏せさせ、創作の後で題名当てクイズで遊ばせるという手もおもしろかったのではないかと思われました。

⑷「鳥」になって詩を書く

飛び入り四十五分の授業ですから、残り時間は十五分ぐらいかと思われます。十分ほどで「虚構の詩」を作らせることになります。

次のような指示が与えられています。

> ○きょうは「すずめ」の詩の真似をして、鳥のことを書いてみよう。鳩でもいい、にわとりでもいい…。
> ○そうだ、みなさん、鳥の名前を一分間にどのくらい思い出せるか、ノートに書いてみよう。

これはとても簡単な取材活動です。

この後で、「思いっきり想像をはたらかせ」て「その鳥になって」書くように促しています。それでも心配な子には、第一行に「ぼくは、とんびです。」、「わたしは、つばめです。」と書くことを勧めています。

ただし、この方法を取れば、題名当てクイズはできなくなります。

五分もすれば、何人かの子どもが書き上げていると述べています。

逆接の接続助詞「が」を用いて作られた子どもの詩を見てみましょう。

三人の子の次のような詩が紹介されています。

トキ　　　坂口　真人

わたしは日本に二羽しかいない。
が、昔は何百羽もいた。
また仲間と大空を飛びたい。

わたしはいつも夢を見る。
それは仲間といっしょに空を飛ぶ夢だ。
が、起きるともう二羽しかいない。

コウノトリ　　　岩崎　敬英

夜に子どもをはこんでいますが
めったに見られません
いままでになんにんもはこんできました
でもいまは天然記念物にされています。

白鳥　　　仲田　裕美

私はいつも泳いでいます
すいすいと泳いでいます
私はキレイ好きなので

キレイナ湖でしか
泳ぎません

私は真白な体をしています
首がとても長くて
ゆるやかに曲っています
体　全体が　数字の２や
Ｓの形に似ています

白くてとてもきれいだと
みんなから　言われます

（五五～六一頁）

４　「虚構の詩」づくりの授業の意義

「虚構の詩」づくりの授業に関してその意義をまとめておきましょう。

◎「想像―変身のシチュエーション」に立たせることで、子どもの自由な想像力を解放させることができます。
◎自由な想像・虚構の中に、子どもの経験や生活の真実をのびやかに表現させることができます。
◎教師と子どものための詩創作の入門的な授業としての意義を認めることができます。

十一　「連詩」づくりの授業

「連詩」づくりの授業方式は、かつて私が秋田大学に勤めていた折に大学院生であった田中隆志が、私の指導の下で修士論文研究を行い、その中で創り出されたものです。

田中は大学院を修了してから小学校の教師になりました。そこで、私は田中に勤務校で「連詩」づくりの実践を行ってその成果をまとめてみるように勧めました。その成果は、日本国語教育学会の機関誌『月刊国語教育研究』第三四六集（平成十三年二月号）に掲載されることになりました。

指導の対象は、小学校中学年・高学年、中学校、高校においても可能と考えられます。

この「連詩」づくりの授業方式については、田中がまとめた修士論文に基づいて、そのあらましを辿り、かつて、拙著『「伝え合う力」を育てる双方向型作文学習の創造』（二〇〇一年三月、明治図書）の中に取り上げさせて頂きました。なお、この拙著は、すでに絶版となっていますので、ここに再び取り上げることにします。

なお、「双方向型作文学習」という授業方式については、かつて私が提案したものです。この方式に基づいた作文学習についても、本書で改めて取り上げるつもりです。

1 「連詩」とは何か

「連詩」については、詩人・評論家である大岡信が『連詩の愉しみ』（一九九一年一月、岩波書店）の中で詳細な考察を行っています。大岡自身も自ら「連詩」づくりを行っています。

大岡は、「連詩」について、次のように説明しています。

> わたしは一九八一年以来海外で諸外国の詩人たちと詩を共同で創る試みを時々やってきました。形式上は連歌・連句という伝統的な共同制作詩に誘発されたものですが、五七五または七七の詩句を交互に連ねてゆく古典の連歌・連句の場合と、行数およそ四、五行ないしそれ以上、各行の長さも不定という自由詩型（つまりいわゆる現代詩）を連ねてゆく場合とでは、いくつかの本質的な違いがあり、とても同日に論じるわけにはいきません。そこで後者を「連詩」として区別することにしたわけです。（二頁）

「連詩」とは、日本古来より行われていた「連歌」「連句」という「座の文学」に端を発した「共同制作詩」のことです。「連歌」「連句」の場合と異なる点は、連ねる詩句の長さが不定であり、創作に際しての厳密なルールが存在しないということです。

大岡は、この共同で作る「連詩」について、詩の創作者の側に次のような効果をもたらすと述べています。

> 複数作者が一堂に会して作る連詩という形式は、参加者一人一人に対して、単に詩の創作者であるのみな

らず、同時に他者の詩に対する極めて親身で敏感な鑑賞者・批評者であることを要求します。

この鑑賞家・批評家は、一座の参加者である以上、本質的には一瞬の切れ目もなく、作者として存在しています。ある参加者が仮に苦吟を強いられ、待たされている一座に白けた時間が流れ始めたとしても、一旦彼が詩句を作り上げた瞬間、今まで傍観していた次なる順番の人物の立場は一変し、脳髄はいきなり自分の前に置かれた数行の未知の詩句に対して鋭敏な鑑賞力を働かせつつ同時に作者としての自分の詩をこれに付けてゆく作業にとりかからなければならないのです。

連詩全体の生き生きとした進行が保たれるためには、一人一人が自作をも含めて全員の作品を常に柔軟に鑑賞する力を養い、時には他の参加者の作品に干渉して修正することさえも辞さないほどでなければなりません。共同制作の場における「協力」の真の姿は、そういうことにさえあると言えるでしょう。

（中　略）

私たちはここでは、形式それ自体の必然によって、他者と創造的相互干渉の関係を持つことになるのです。

（三五～三六頁）

大岡がここで述べている「連詩」の特徴に注目しておきましょう。それは、「連詩」がこの制作に関わる者に対して、「詩の創作者」であると同時に「他者の詩に対する極めて親身で敏感な鑑賞者・批評者であることを要求」する点にあります。大岡は、こうした相互関係のことを「創造的相互干渉の関係」と規定しています。

大岡がここで述べている「共同制作」の現場に置かれた「作者」の状況は、そのまま私が提唱している双方向型作文学習（本書の第十四章を参照）にもあてはまります。そして、大岡が言うところの「連詩」における「創造的相互干渉の関係」ということも、そのまま双方向型作文学習においても言えることです。

2　単元「連詩に挑戦」の構想
―想像の翼を広げて共同で詩を創ろう―

詩の創作指導は、これまで一部の教師の特権物にしか過ぎませんでした。自ら詩の創作をたしなむほどの教師でなければ、児童生徒に詩を作らせることなどおぼつかないという先入観に強く支配されていたと思います。しかし、この「連詩」づくりの実践は、詩の創作指導をこれまでよりもう少し身近なものにしてくれるはずです。この「連詩」づくりの意義の一つもこの点にあると言えます。

さて、田中隆志が大岡信の「連詩」づくりの手法を手掛かりに構想した「連詩」づくりの授業では、次の様なルールが設けられています。

1　原則として四人一組になって作ります。
2　一つの作品は四連構成で、全部で十四行（四行・四行・三行・三行、または四行・四行・四行・二行）とします。このような四連構成の詩を「ソネット形式」といいます。ソネットは漢詩の「絶句」のように各連がそれぞれ起・承・転・結の働きを担うことが多いので、皆さんもできるだけ起・承・転・結の流れを意識して書きましょう。
3　次の手順に従って書きます。
①　最初に四人が車座になって座ります。
②　渡されたプリントの題名からイメージを広げて、第一連の詩句を書いて下さい。
③　第一連が書けたら時計回りにプリントを回します。右側の人からプリントが渡されることになります

ので、今度はそこに第二連を書きます。

④　このようにして、それぞれのプリントに第一連から第四連までを書いていきます。こうすると、全部で四篇の作品が出来上がります。

⑤　完成した連詩を見比べて、どの作品がよいか話し合ってみましょう。

大変よくまとめられたルールとなっています。これは、「連詩」づくりのルールのみならず、指導の際の手順と方法にもなっています。この通りに指導していけばよいのです。

ただ、このルールは、あくまでも暫定的なものです。指導者がこれに手を加えて適宜やりやすいように修正することも可能です。

例えば、「四連構成」については、これを原則とするにしても、各連の「行」については、全てを四行で統一してもよいでしょう。また、四行・三行・二行・一行の組み合わせでも一向に差し支えはないのです。

児童生徒の発達段階から、子どもたちの負担を考慮してこのような手立てを講じてもよいわけです。

さらに、四人一組の男子・女子の組み合わせも全くの自由です。男女混合でもできますし、男子同士、女子同士でもよいのです。まず、何度かいろいろな組み合わせで試してみてもよいと思います。

田中は、「車座」という形を取っていますが、教室で行う場合は、隣同士・前後左右の四人組でもよいと思います。「連句」や「連歌」のようにその場で即興で詠み上げる場合であれば、車座もよいでしょうが、「連詩」の場合には、書き上げるのに時間がかかりすぎますから、むしろ前後左右で机に向かって書かせた方がよいと思われます。

各連を書き上げさせる時間の取り方については、田中が私の大学で大学院生を相手に試みた「連詩」づくりの模擬授業を記録したものを参考にして下さい。

3 「連詩」づくりの模擬授業の実際

田中隆志が自分と同じ大学院生に協力を依頼して行った「連詩」づくりの模擬授業の実際を再現して紹介してみましょう。

日時は、一九九八年十二月二日、午後十二時五十分〜十四時三十分までの九十分間です。小学校での授業二コマ分が想定されています。この九十分間のうち、田中は、「連詩」を書く時間を二回設定しています。

以下に、展開の概要を列挙しておきます。

活動1　四人の詩人が作った連詩を鑑賞し、連詩に関心を持つ。
活動2　連詩の特徴や決まりを知る。（ここまでで五分）
活動3　共同で連詩を作る。

① 四人が一つのテーブルを囲んで車座となって席に着く。
② こちらで用意した四枚の「題名カード」から、各々一枚を引き、そこに書かれてあるものを題名として、第一連を書く。
（カードの題名は「山・川・海・森」の四枚を用意した。学習者が各自で題名を決めてもよいが、「学

習者が連詩に不慣れであることから、各自で題名を決めた場合、時間がかかるおそれがある。「題名によっては、他の人が詩句を連ねにくいおそれがある」等の理由から、今回はこちらで題名を設定した。）
③　それぞれの題名に従って、第一連を書く。
④　第一連を書き終えたら、その用紙を左隣の人に渡す。同時に右隣の人から用紙が渡ってくるので、そこに第二連を書く。
⑤　この作業を第四連まで続ける。
（最終的には、同一の題名で内容の異なる作品が四篇完成することになる。各連を書く時間は、およそ七～八分とした。しかし、学習者は連詩を書くのは初めてであるため、各連を書く時間の配分には柔軟な対応を取った。）

活動４　完成した作品を鑑賞し、優れている点や創作中に浮かんだイメージなどを話し合う。（十分）

①　第一連の作者に対して
「与えられた題名からどのようなイメージを思い浮かべたか。」
②　第二連の作者に対して
「直前の連を見て、どのようなイメージを思い浮かべたか。」
③　第三連の作者に対して
「（前に同じ）」
④　第四連の作者に対して
「（前に同じ）」

「作品をどのように締めくくりたかったのか。」

活動5　活動3と同様に再度、連詩を作る。（三十分）

①「題名カード」の内容を変えて、「花・鳥・風・月」の四枚とした。
② 活動3では、作品全体の構成を「四行・四行・三行・三行」としたが、ここでは、「四行・四行・四行・二行」とした。
③ 学習者の座席の位置を次のように変えた。

一回目
A → B
↑　　↓
C ← D

二回目
D → B
↑　　↓
C ← A

※ A〜Dは学習者を示す。
※ 矢印は用紙の受け渡しの流れを示す。

このようにすると、例えば、学習者Aを例とした場合、一回目は、Aは用紙をCから受け取ってBへ渡すことになるが、二回目は、Aは用紙をBから受け取ってCへ渡すことになる。このようにすることで一回目と二回目の学習の間に変化をもたせた。

活動6　活動4と同様に再度、作品の鑑賞をする。（十分）

活動7　今日の学習を振り返り、授業を受けた感想を書く。

このような手順で大学院生が書き上げた連詩の作品は、一回目だけで「山」「川」「海」「森」という四篇の作品が出来上がります。

この四篇の中から一篇の作品を、「ワークシート」と共に紹介しておきましょう。

題名	名前	
森	T・M	I・R
	S・K	Y・A

その　ふところに
生命を育みし森よ
傷つけられても　なお
深い愛を注ぐ母

ときに　激しくいかり
ときに　人をまよわし
ときに　命をおえることもある
それでもなお生命を生む母

そのふところに　我を抱け
深きあおき
こもれ日の雨の中に

そして眠ろう
遠い昔
吾が宿りし場所に想いはせながら

学習者は大学院生でした。最初に第一連を担当した院生が文語調で書き出したために、全体がやや堅い窮屈な調子になっています。最初の第一連を担当する人の内容や文体がその後の内容や文体に大きな影響を与えることをはじめに一言言い添えておくことが必要です。

このように言うと、第一連を担当する子どもはやや負担を感じますが、併せて、出来るだけやさしい言葉遣いで書き始めるようにと助言してやれば、気分がほぐれるようです。

原則的には、前の人の書いた内容を踏まえて書き継ぐのですが、第三連は、「起・承・転・結」の「転」の部分になるので、思い切ってこれまでの流れをひっくり返してしまうような内容を工夫してはどうかなどと助言してやるのもよいと思います。

参考までに、田中が行った模擬授業に対する大学院生の「感想」を以下に紹介しておきましょう。

《学習者　I・R》

他人の書いたものに詩をつなげて書くというのは、初めてだったので新鮮でした。次にどんな言葉がまわってくるかと思うと楽しみで、とても面白かったです。

詩は、四・四・三・三の方が書きやすく、転の部分にあたるところで、行数が変わるのは場面にメリハリもつくので、この方がいいと思います。題材もイメージがだぶらないものを集めたほうが、詩の内容もそれぞれ違ったものができるのではないかと思います。

《学習者　T・M》

自分の起こした句がどんどん人に引き継がれていくうちに、いろいろなイメージを引き起こし、一つのまとまりをもつようになっていく過程がとても面白かった。

テーマはやはり余り関連性のないようなもののほうが作りやすかった。作った後の話し合いの時間は、是非設けるべきだと思う。その中で改良すべき点などを話し合い、より優れた作品を目指してみるというのも一つの方法ではないかと思った。

行数の制限はしない方がよい場合もある。時間をじっくりかけて作ってみたいが、限られた時間の中で創作しなくてはならないので、時間の取り方を工夫しなければならないだろうと思う。

《学習者　Y・A》

三連のとき、どうしてもイメージが浮かばないときがあった。テーマや方法が一貫してくると、イメージがわきやすかったようだ。

全体的に楽しく学習できた。面白かった。二回目は、スムーズにできたが、最初は戸惑っていた。ただ、時間が一連につき十分ではちょっと短く感じた。伸び伸び考えられるように、もう少し時間を取った方がいいと思った。

《学習者　S・K》

詩作にあたっては、連によっては行が限られていることが苦しいところもあった（第三連の四行など）。また、文体・内容・構成の連なりについても自由とはいえ、詩のルールなどの知識の必要性を感じた。

ここに述べられている学習者の感想は、「連詩」づくりの授業を構想する上で参考になるところが多いようです。各連の設け方についてもその一つでしょう。題材の設定の仕方も重要な要素とみなせます。田中の授業で用いられたような「山・川・海・森」とか、「花・鳥・風・月」といった一般的で大まかなものの方が、自由に想像の翼を広げやすいようです。

実際に制作に入る前に、「連詩」の作品を参考教材として与えておくと、作業にも取り組みやすくなるはずです。指導学年の発達段階にもよりますが、出来るだけ平易な作品をサンプルとして与えるとよいと思われます。

時間の取り方もケースバイケースで工夫していく必要がありそうです。

学習者がスムーズに書き継げないときは、どのような手立てを講じてやればよいかなども今後の課題となるでしょう。

ともあれ、「連詩」づくりの授業は、主として小学校の中学年から中学校、高校までと幅広く行える詩の創作学習となるでしょう。

4　「連詩」づくりの授業の意義

「連詩」づくりの授業の意義についてまとめておきましょう。

◎　四人一組による共同詩制作によって、お互いが書き手と読み手の立場を入れ替えながら双方向での表現活動を行うことができます。
◎　四人一組による双方向での共同詩作によって、お互いが他者の思考を潜らせながら自らの思考を広げ深めることができます。

※私は、かつてT社の小学校国語教科書の編集委員をしていた折に、四年生の「書くこと」の教材として「連詩」の教材化を提案しました。平成二三年版の「四下」では「連詩にちょうせんしよう」、平成二六年版の「四下」では「言葉をつなげて」という「連詩」づくりの教材が取り上げられています。

十二　「方言詩」づくりの授業

1　「表情豊かな方言」で詩を作ろう

浜本純逸編『現代若者方言詩集―けっぱれ、ちゅら日本語』（二〇〇五年十二月、大修館書店）という詩集があります。北は北海道から南は九州・沖縄までの全国津々浦々の大学に在籍する学生たちが作った「方言詩」を集録した詩集です。

ここに取り上げるのは、私が大学で学生を対象に行った「方言詩」づくりの実践です。この「方言詩」づくりの授業は、小・中学生から高校生にまで実践が可能と考えられますので、本書においても紹介させて頂きます。

編者の浜本純逸は、本書が刊行された時に、早稲田大学にお勤めでした。

浜本が大学で学生たちに「方言詩を書いてもらおう」と考えたきっかけについて、右の詩集の「［解説］方言詩から広がる世界」の中で、次の三点を挙げています。

一つは、二〇〇三年の「国語科教育法」講義で、「方言と共通語の指導」について話していた時、一人の学生が「僕は広島出身ですが広島弁は使いません、広島でも使っていませんでした。父や母は使っていましたが。」と発言したこと、二つは、その時、島田陽子さんからいただいていた『方言詩の世界　言葉遊びを中心に』が私の心をよぎったこと、三つは、今から五〇年ほど前にさかのぼるが、学生時代に藤原与一先生の「国語学講義」で「方言には日本人の豊かな造語力が表れている」とお聞きしたこと、である。

（一九二頁）

なお、浜本は、エッセイ『方言詩の世界―言葉遊びを中心に』（二〇〇三年六月、詩画工房）を刊行していた島田陽子に「表情ゆたかな方言の世界―序にかえて」という巻頭文を執筆してもらっています。

この巻頭文の中で島田は、「方言詩」には、「よそゆきのことばである共通語とは異なって、より本音に近いものが表現されやすい。心の奥底にひそんでいるものが、方言によって引き出されてくる」と述べています。また、島田は、「方言で発想すること」には、「自分の場にしっかりと足を着け、時代にながされず、個を大切にする生き方」が表れてくるとも述べています。

そして、島田は、「各地にあるいくつもの、表情ゆたかな方言を忘れてはならない」とし、そうした方言を「置き去ったとき、私たちの日本語《にほんご》はやせおとろえるだろう。それは精神までも衰弱させることである」と述べ、そこにこそ「方言詩」を書く意義もあるのだと訴えています。

さらに、「方言詩」を指導するに際して、子どもたちは「詩を日常のことばで書いていいと知ったとき、彼らは生き生きと表現してくれる」とも述べています。

２「方言詩」づくりの授業

浜本は、この講義において、「方言詩」を書くための参考詩として、「まず『はんなり』（川崎洋）、『嫁こ』（斎藤庸一）、『葉月』（阪田寛夫）、『うち　知ってんねん』（島田陽子）など、詩人の方言詩を紹介し、ついで、学生が作った方言詩『だんだん』などを紹介」しています。

浜本が参考詩として取り上げた「方言詩」を一部だけ見ておきましょう。

嫁こ

斎藤　庸一

たった一言申し上げやんす
おらに嫁さま世話してくれるだば
どうかこういう嫁こをお願い申しやす
気をもたせたり気をひいたり
さわらせたりよく見せっぺとしたり
喋ってばかりハイカラが好きは御免でやす
丈夫な体でやや子生める腰をもち
子供がごっくごっくのめるおっぱいをもち
手首まあるく目は子供っぽく

遠いとこから　おらを見ていて
おらが目えやると目をふせてしまう
がんばりできかなくて押しが強くて
それをしんにひそめて口には出さず
一俵の米を背負い
あいさついい声で　おじぎつつましく
ぼろを着て色っぽく
馬にまたがり野をかけ草刈場にいけば
汗かいて三束より五束刈り
つみとった一輪の桔梗をお先祖さまに上げ
としよりにやさしく　己にきつく

誠にはや申訳もごぜえやせんが
たった一言がながなが語りやしたが
どうかお願い申しやす
いい嫁こを　おたのみしやす

うち　知ってんねん

島田　陽子

あの子　かなわんねん
かくれてて　おどかしやるし
そうじは　なまけやるし
わるさばっかし　しやんねん
そやけど
よわい子ォには　やさしいねん
うち　知ってんねん
あの子　かなわんねん
うちのくつ　かくしやるし
ノートは　のぞきやるし
わるさばっかし　しやんねん
そやけど
ほかの子ォには　せえへんねん
うち　知ってんねん
そやねん
うちのこと　かまいたいねん
うち　知ってんねん

だんだん

松塚　弥子（鳥取）

だんだんなぁ
ばあちゃんにそげ言われぇと
だんだん　だんだん
あったかくなる
だんだんなぁ
じいちゃんにそげ言われぇと
だんだん　だんだん
照れてくるわ

だんだん　どうもありがとう
だんだん　優しいお礼の言葉
だんだんうれしくなってきて
だんだん　私も　言いたくなるの
だんだんなぁ
優しい言葉を　だんだんなぁ

（帝塚山学院大学）

＊島田陽子『方言詩の世界　言葉遊びを中心に』（詩画工房）

浜本は、これらの詩について学生たちに話し合わせて、どの詩にも「リズムとユーモア」と、ある種の「情感を醸し出す何かがある」ことに気づかせています。

学生たちに「方言詩」の魅力に気づかせるところに浜本のねらいがあったようです。

「方言詩」を書くことで、学生たちは「あらためて自分をふり返り、方言を使う自分にアイデンティティーを見いだし、自信を得ていったようである」と述べています。

浜本は、学生たちが作った「方言詩」は、「原則として作者に読んでもらうことにしていた」と述べています。作者が声に出して読むことで、「じわりとあたたかいものが教室中に広が」り、「一瞬の静寂のあと大きな笑いが広がっていったとのことです。

3　全国の大学の教員に「単元　方言詩を書こう」の実践を依頼する

浜本は、この「単元　方言詩を書こう」の実践を全国の国語科教育の講義を担当している教員に依頼しています。私のところにもその依頼が届きました。

そこで私も早速、茨城大学教育学部の国語科の学生たちが受講している「国語科教育特講」において、浜本の実践を追試することにしました。

浜本からは、自分で使用した「方言詩」指導のための参考詩が依頼文と一緒に届けられていました。

これらの参考詩を印刷して学生たちに配りました。

そして、私がこれらの参考詩を全て朗読してやりました。「方言詩」の持っているリズム感やユーモアを感じ取ってもらうことがねらいでした。

茨城大学教育学部の学生は、当時ほぼ六割ほどが県内出身で、他は県外出身者でした。受講生であった国語科の学生たちにも県外出身者が多くいましたので、「方言詩」づくりにはもってこいでした。

「方言詩」づくりに当たっては、学生たちに自分の出身県や自分が生まれ育った地域の中で使われているちょっと気になる方言を一つだけ使ってもよいし、詩全体に使ってもよいと説明しました。

詩の中に出てくる方言には、注を付けるように依頼しました。

その他は、特に与えた留意点もなく、参考詩のパターンを手掛かりにして作ってみるように促しました。

学生たちは、最初戸惑っていましたが、すぐに与えられた参考詩を読み返しながら、「方言詩」づくりに取り組んでいました。作り上げた作品を周囲の人たちと交換して読み合うように指示しました。あちこちで笑いが起こって楽しそうに読み合っていました。

様々な県から来ていた学生が作った「方言詩」を次に紹介しておきましょう。

ネコ（茨城）

K・E

おれげのねごめはいっぺぇねずみとっと
りごおなねごめなんだ
昨日そこらでガタガタしてっと思ったら
ねずみだったんだわ
ちんちぇねずみだったがら
あたまがら喰っちゃったんだよ
今のねごめはねずみなんちゃとんねぇのになぁ
おれげのねごめはねずみとんだ
りごおなねごめなんだ

＊おれげ…俺の家　ねごめ…ネコ　りごおな…利口な　ちんちぇ…小さな　なんちゃ…なんか　とんねぇ…　獲らない

ごじゃっぺの使い方（茨城）

M・T

一口に「ごじゃっぺ」と言っても
使う所で意味が変わるんだ
今からそれ教えっから

「なーにやってんだ　このごじゃっぺ！」
この時、ごじゃっぺはバカって意味
オレもごじゃっぺばっかやって
怒られてんなぁ

「おめぇ何ごじゃっぺ言ってんだ?」
このごじゃっぺは
筋道が通らないって意味
理不尽なことを言われたら
こう言い返せばいかっぺな

きったねー言葉に思えっけど
なんだか心地よい
皆使ってっからだいじだいじ
やっぱ好きだわ茨城ことば

＊いかっぺな…良いよ　だいじ…大丈夫

＊全体的に語尾を上げ調子で読もう

家族（秋田）

N・M

んだ　んだ
んだがら
んだべった
受話器に話す
父の声

けった　けった
はえぐけった
みんじゃしまう
母の声

めんこい
犬っこ
拾ったど
うれしそうな
祖母の声

＊んだ…そうだ　けった…食べろ
はえぐ…早く
めんこい…かわいい

方言クイズ（千葉）

S・N

祖父母がよく使う言葉
「あじょもかじょも」
これなーんだ？
「これはどうにもこうにも」っていう意味

私が大嫌いなもの
「くっちゃめ」
これなーんだ？
これは「マムシ」っていう意味

漁師町の言葉
「にしらー」
これなーんだ？
これは「お前」っていう意味

これであなたも
千葉県民

浜ことば（福島）　　　　　　　　O・A

小名浜のことばは
キタネエから覚えんなって
うっつぁしいこと言うことねぇべよ

あだしは好きだ
やっこい感じもするし
なんとなく笑えっぺ？
おめえ、かっくらつけっぞっつったら
なまりすぎてて笑っちったべした？
浜ことばは場を和ませる力が
あんだ。
そうだべ？
荒っぽいとか

キタネエとか
コワイとか
そんな言うことねえべよ
浜ことばって
優しいことばなんだぞ
＊うっつぁしい…うるさい　あだし…私
　やっこい…やわらかい　かっくらつけっぞ
　…なぐりつける

寂しくないよ（静岡）　　　　　　　　N・M

私にまだかわいらしさが残っていた頃
一週間ぐらい兄妹で親戚の家に行った
父さん母さんはお留守番
まだ小さい私は
三日ぐらいで寂しくなった
帰ってから父さんに

「俺らいなくてごせっぽいっけだら?」
「ごせっぽいっけよ」
父さんはちょっと笑ってた
無理しなくていいに

かわいい息子と離れて「ごせっぽい」はずない
だに
今でもそう思ってくれたらちょっとうれしいん
だけんね…
＊ごせっぽい…せいせいする

4　「方言詩」づくりの授業の意義

浜本純逸の企画によって、全国津々浦々における教員養成系の大学の学生たちを対象に試みられた「方言詩」づくりの実践の意義を次のようにまとめることが出来ます。

◎　平素使っている地域の言葉を使用することによって、詩を作ることの抵抗を和らげて楽しく詩を作る活動に取り組むことができるようになります。
◎　方言を用いて詩を作ることによって、平素使っている地域の言葉の持つ豊かな表情に気づくことができます。

十三　「鑑賞文」と「批評文」を書くことの指導にどう対応するか

1　学習指導要領における「鑑賞」と「批評」という用語の位置づけ

平成二十年告示の学習指導要領「中学校国語」の中一「書くこと」における「言語活動例」として、「関心のある芸術的な作品などについて、鑑賞したことを書くこと」という事項が示されていました。また、中三「書くこと」の「言語活動」として、「関心のある事柄について批評する文章を書くこと」という事項が示されていました。

「鑑賞」と「批評」という用語は、戦後間もない時期の昭和二二年度版と二六年度版の学習指導要領（試案）の中に出現していました。ここでは、詳しくは触れませんが、小学校の「第三節　国語能力表」の「四　書くことの能力（作文）」に「読んだ本について紹介・鑑賞・批評の文を書くことができる」と示されていました。中学校の国語でも同様に「鑑賞」と「批評」という活動が示されていました。

注目すべきは、この時期に中学校ばかりでなく、小学校においても「鑑賞」と「批評」という用語がセットとして出現していたということです。

戦後間もない時期に出現していた「鑑賞」と「批評」という用語は、その後学習指導要領からは姿を消していました。用語の分かりにくさもあって、実践上の困難が認識されてきたからではないかと思われます。

それが、平成二十年版の学習指導要領において「鑑賞」と「批評」という用語がどちらも復活してきたのです。その復活の理由としては、当時話題となっていたＰＩＳＡの「読解力」問題が関わっていたからと考えられます。

なお、現行の平成二九年版の学習指導要領では、中一「書くこと」の言語活動から「鑑賞したことを文章に書くこと」という活動は削除されています。

しかし、強いて「鑑賞」活動に相当する事項を探してみますと、やはり中一「読むこと」の言語活動の中に、「イ小説や随筆などを読み、考えたことなどを記録したり伝え合ったりする活動」という事項が示されています。

これは、「読むこと」の活動として鑑賞という営みが行われていくことが示唆されていて、「記録したり伝え合ったりする活動」として必然的に鑑賞文を書くという学習活動が含まれてくることを示しています。

ところで、芸能教科である「美術」や「音楽」の教科では、どちらも「鑑賞」と「表現」が二大領域となっていて、「鑑賞」指導そのものが国語科とは比べものにならないほどの大きな位置を占めています。

これは、国語科でも、文学作品を教材として取り上げている以上は、美術や音楽教科と同様に「鑑賞」活動そのものが無くなることは考えられません。

しかも、中三の「書くこと」の言語活動には、現行でも「関心のある事柄について批評するなど、自分の考えを書く活動」と、批評文を書く活動が示されています。批評文を書く活動については、後で詳しく考察を加えていきますが、「鑑賞」という活動を抜きには考えられないのです。

ところで、私は、「読むこと」の学習と「書くこと」の学習を有機的に結び付けている要素として、〈感想〉→〈鑑賞〉→〈批評〉という三つの読み・書きの機能が発達段階に即した学習指導事項として段階的に押さえられていかなければならないものと考えています。発達段階に即して見ていけば、やはり〈感想〉は小学校段階、〈鑑賞〉と〈批評〉とは中学校段階で一体的に指導されていくべきではないかと考えています。

そこで、本章では、「鑑賞文」を書くことの指導と「批評文」を書くことの指導とを一体として取り上げていくことにします。

なお、私はかつて、「鑑賞」と「批評」という用語の概念規定に係る歴史的背景と、「鑑賞文」と「批評文」の指導に関する実践事例についての詳しい考察を行ったことがあります。次の拙稿を参照して頂ければ幸いです。

・拙稿「『鑑賞したことを文章に書くこと』の指導にどう対応するか」（教育実践学会編『教育実践学研究』第十四号、二〇一〇年三月）。

・拙稿「批評文を書くことの指導にどう対応するか」（茨城国語教育学会編『茨城の国語教育』第十一号、二〇一〇年二月）。

・拙稿「『鑑賞』『批評』活動で思考力・問題解決力を育てる」（人間教育研究会編『実践的思考力・課題解決力を鍛える』二〇一五年二月、金子書房）

2 「鑑賞」及び「批評」という用語の概念規定

(1) 「鑑賞」という用語の定義

「鑑賞」という用語について、平成二十年版の学習指導要領の解説書には、「表現の仕方、内包されている意思などについて、多様な角度から光を当てて、そのよさを見極めたり味わったりすることである」と規定され、「鑑賞したことを文章に書く」際には、「対象や素材の表現の仕方、作り手の思いや見方、作品から受けた印象や感動などについて触れることが大切である」と述べられています。

この解説は、概ね妥当と判断されます。ただ、実際の具体的な指導場面を想定しますと、右の解説からも考えられますように、「鑑賞」という活動はなかなか奥の深いものであるように理解されます。

そこで、ここではこの用語が使用されてきた歴史的な背景を踏まえて、改めてこの用語の概念規定を行ってみることにします。

西尾実は、昭和の戦前期から『国語国文の教育』の中で「鑑賞作用」という用語を使用していましたが、本格的には戦後の文学教育の中で使用を始めています。

西尾は、昭和二八年に「文学教育の問題点 その二」という論考の中で、「鑑賞が、鑑賞者の生活において蓄えられている『問題意識』を喚起するもの」であるとして、その「問題意識」を外に向かって発表させる前に「必ず、内に潜ませて整理させ、自覚させることが必要である」と主張しています。そして、そのために「『問題意識』を問題として書かせる作文によらせること」（『文学』一九五三年九月号、『西尾実国語教育全集』第八巻、一九七六年二月、教育出版、五四〜五八頁）が不可欠であると訴えています。

西尾は、さらに昭和三二年に刊行した『国語教育学序説』（『西尾実国語教育全集』第五巻所収）の中で、「鑑賞活動を経験させる学習活動は、学習者めいめいに、その作品を好きであるか、きらいであるか、それとも好きでもきらいでもないか、というような主観的な価値判断をまちがいなく立てさせるまでであって、普遍的、客観的な価値の発見に到達させるには及ばない」と主張しています。

そして、西尾は、生徒が「鑑賞活動」によって受けた「その感銘を絵に描こうとするもの、脚本化しようとするもの、朗読によって他人に分かとうとするもの、紙芝居にしてひとにみせようとするもの」（一二三～一二六頁）などと様々いるのではないかと、鑑賞活動の具体的な在り方にまで言及していました。

また、倉澤栄吉は、『国語教育講義 新時代の読書指導を中心に』（一九七四年十月、新光閣）の中で、「鑑賞は、短いことばで置き換えれば、『自らの精神へ語りかけるはたらき』」であり、「自己へ語りかけること」「自己との対話を通して心情を深めること」であると定義しています。要するに、「鑑賞」とは、「自分の確立」であり、「自分の世界を深化すること」、「自分の精神を深めていくために鑑賞というはたらきがある」（一九四～一九八頁）のだと主張しています。

以上に見てきた「鑑賞」という行為ないし機能に関する考え方を踏まえて、私はこの用語を次のように定義しておこうと思います。

> 鑑賞とは、関心を抱いた対象（主として芸術作品）へ交わり、問い掛けることでそこに何らかの感動（共感・共鳴を含む）が生まれ、何らかの価値が発見され、生活上の問題意識が喚起されることによって自らの精神が豊かになり深められていく働きのことです。

なお、このような働きを成就させるために行う学習活動が、何らかの形での「鑑賞文」を書くという活動になると考えられます。どのような形の「鑑賞文」を書くことになるのかについては、後で考えていくことにします。いずれにしても、明らかなことは、この「鑑賞」という学習活動は、個人的で主観的なものであり、あくまでも学習者自身との自己内対話を通して自身の心情や考えを深めて、自らの精神を培っていくためのものであるということです。これを**〈対自的活動〉**ということもできるかと思います。

(2) 「批評」という用語の定義

「批評」という用語に関しては、諸家による様々な考え方があります。

西尾実は、「批評」の意義について「読みからくる直観の発展としての解釈を完成し、対象を自我の表現として見ることの出来るまでに至った立場において成立する価値判断である」(『国語国文の教育』一九二九年十一月、古今書院、八五〜八六頁)と規定しています。西尾は、それが読みの段階としてはかなり高度なものとしていますが、児童の中にも「批評」の芽のようなものが芽生えているので、そのような芽を守り育てていくことが大切であるとも述べています。

哲学者の三木清は、「批評の生理と病理」(『改造』一九三二年十二月号、『三木清全集』第十二巻、一九六七年九月、岩波書店、八九〜一〇二頁)という論考の中で、「書かれた批評は独語的になり易」いもので、それは本来話されることの中で自然なものと感じられるものだから、「批評」は「会話のうちに生きるものである」と主張しています。「批評の精神」は「会話の精神」であるとさえ断言しています。

三木はさらに、「批評の精神は弁証法の精神」であるとも述べて、批評の精神がドグマ的なものでなく、ダイアローグ的なものから見出されると考えています。

「批評」を本来会話のうちに生きるものとする三木の考え方は、小学校からの話し合い学習の意義を「批評」という方面から捉え直していく必要性を促しているようにも理解されます。

近代批評を打ち立てた小林秀雄は、「批評する」とは、「他人をダシに使って自己を語る事である」(『小林秀雄全集』第一巻、一九六七年十一月、新潮社、四六頁)と述べています。小林が、「批評」という作用を対象に対する単なる客観的な価値判断にとどまらず、自分という存在を対象に入れ込みその行為によって自己自身を明らかにしていくことであると捉えていることに注目させられます。

井関義久は、『批評の文法〈改訂版〉』（一九八六年八月、明治図書、十三頁）の中で、「批評」の前提には「感動」というものがあり、客観的な分析を通してその「感動のみなもと」を「発見」することが「批評」であり、それは「新しい世界の創造」でもあると主張しています。

また、井関は、『分析批評と表現教育』（一九九〇年三月、明治図書、十三頁）の中でも、「批評」について「『何らかの形で自分の生き方にかかわる』ような作品と出会ったときに、その作品について他者に十分納得がいくように説明する表現活動」であると規定しています。

以上に見てきた諸家の「批評」という行為ないしは機能に関する考え方を視野に入れながら、私は「批評」という用語について次のように定義しておこうと思います。

> 批評とは、何らかの感動（共感・共鳴を含む）や発見をもたらしてくれた対象に出会ったときに、その因ってきたる根拠を明らかにし理由付けを行って、第三者に十分に納得してもらえるようにするための表現活動です。

これまで、「批評」という用語に関する考え方には、この用語に含まれる「批」と「評」という語から連想される「批判」とか「評価」という機能を含むものとの前提があったように思われます。そのため、とかく対象に対する〈批判的な対応〉という面が強調される向きがありました。そして、〈批判〉というと、とかく対象を否定的に捉えようとする思考が強く働きがちです。

しかし、「批評」と言えば、まず取り上げるに値する何かが対象の中に存在するのですから、〈批判〉という行為はそこでの第一義的なものではないと考えられます。

ですから、私は、諸家の考え方の中に含まれていた「価値判断」とか、「評価」という側面には力点を置かず、〈批判〉という面も強くは打ち出すことをしないで、むしろその対象を取り上げるに至った「感動」や「共感・共鳴」、「発見」といった要素を強く打ち出すことにしました。

そこで私は、「批評」という行為には、まずその対象から受けた何らかの強い「感動」や「発見」があり、それを客観的な分析に基づいて第三者に納得してもらえるような根拠や理由付けを行うという表現活動として規定してみたのです。

なお、「鑑賞」が**〈対自的活動〉**であることに対して、「批評」という行為は第三者に納得してもらうための表現活動であるところから、**〈対他的活動〉**であるということが出来ます。

3　「鑑賞」活動と「批評」活動との区別

以下に掲げる文章は、歌人の俵万智が『三十一文字のパレット』（一九九五年四月、中央公論社）の中で、ある歌集に収録されていた二十代の作者が詠んだ歌に対して加えた「鑑賞文」です。

　　紺いろの水着ちいさくたたまれてカルキのにおいのからだを残す

　　　　　　　　　　　　　　加藤治郎

やはり二十代の、若い作者である。歌集の中の前後の歌から、からだの主は、妹であることがわかる。

紺という色は、確かに少女のある一面を、象徴しているだろう。まだ女性として成熟していない、というイメージだ。香水も化粧品も知らない体は、プールに入ればカルキの匂いに染まって出てくる。が、ここに歌われている少女は、ただ幼くて未成熟なだけではない、という気がする。これから大人になってゆくのだという予感を、何故か読者に与える。それは何故だろう。

一つには、水着というやや艶めかしい素材のせいだろう。ゆくゆくは、華やかな色と柄の水着が彼女を待っている。むしろ紺のほうが、人生では限定された色なのだ。この水着の紺は、あらゆる色と柄へ変わってゆく可能性を、秘めた色なのである。当然そこには、彼女の成長した肉体が予想される。

そしてもう一つは、匂いで表現したという点であろう。これもまた、表現の方法としては、艶めかしい。今までは、自分に比べて小さい、という程度にしか把握されていなかった妹の体を、ふいに匂いで把握した、その軽いショックが、一首の生まれる契機でもあっただろう。いつかは妹も、女の匂いを身につけるようになるのだということが、はっきりと予感されたのである。紺色の少女の向こう側に見え隠れする「女」が、この歌の魅力でもある。

（二四～二五頁）

この文章の前半部分、「が、ここに歌われている少女は、ただ幼くて未成熟なだけではない、という気がする。これから大人になってゆくのだという予感を、何故か読者に与える。それは何故だろう。」までが「鑑賞」の域とみなせるでしょう。自らの問題意識への問い掛けにとどまっているからです。

そして、この歌に詠み込まれている「紺色の水着」の色や「カルキのにおい」に対する俵万智の分析や解釈はもはや「鑑賞」の域を超えて「批評」の域に達していると判断されます。

この歌の中の「少女」に、「これから大人になっていくのだという予感」を感じ、「水着の紺」から「彼女の成長した肉体」を予想し、「カルキの匂い」から「いつかは妹も、女の匂いを身につけるようになるのだ」という予感を感じて、「紺色の少女の向こう側に見え隠れする『女』」を読み取っている部分などから、他者に向かって働きかけていこうとする評者・俵万智の意思が感じられるからです。

以上にみたように、「鑑賞」活動と「批評」活動とは区別されるべき行為と機能ということになります。しかし、日常生活における文章において両者は、右に掲げた俵万智の文章のように分かちがたく結びついている場合が多いのです。

要するに、この俵万智による「鑑賞文」のように、鑑賞の機能に批評の機能を含んだ「批評文（＝評論文）」となっている場合が多いということなのです。

いずれにしても、「鑑賞文」の場合であっても、単なる「感想文」よりは高次の感動や価値の発見、ないしは生活上の問題意識の喚起が求められているという点で、「批評文」に近い性格を有しているとみなせるのです。

それだけに、「鑑賞文」の場合でさえも、書く活動としてはかなり難度の高い学習であるとの印象を生徒に与えてしまうことになるでしょう。

であれば、中学生を対象とした「鑑賞」・「批評」活動を実際の教室において扱いやすいものにしていくために、それ相応の手立てを講じていかなければならないのではないかと考えられるのです。

4 「鑑賞文」指導の先行実践事例

(1) 大村はま実践「創作文集『秘密の遊び場』」における「推薦文」の指導

大村はま教諭は、昭和三六年に「創作文集『秘密の遊び場』」(『大村はま国語教室⑥』一九八三年四月、筑摩書房)という実践を行っています。この中で大村は、生徒が制作した物語をお互いに読み合いをさせて、気に入った作品を「推薦文」の形で推薦し合うという試みを取り入れています。

大村は、「推薦文」を書かせるに際して、友達の制作した物語作品を読むための「てびきプリント」を作成して、生徒に具体的な書き方の道筋を示してやっています。そうして書き上げられた「推薦文」が次のような「生徒作品」です。

〈生徒作品〉

○心理描写の鮮やかさ——「来てもいい?」を推す——

早津俊司

この作品の主人公、それは数人の小学生、その小学生たちが、わざわざ大学まで遊びにゆく話だが、そこでの小学生たちの幼い心理がこの作品からは、手にとるように読み取れる。文章の調子もその助けをしている。たとえば、「物置だった。うそばっかり。そのとなりの三つめじゃないか。」という文があるが、よい例であると思う。このような表現は一見とても容易なようだが、実際のところ、なかなか書き表わしにくいところだと思う。そのような表現を、この作品では鮮かに使いこなしていると言える。

（中　略）

また、この作品のなかでもうひとつ、この幼い心理の描写に一役買っているのが、会話のところだと思う。その場面ごとの雰囲気、情況がひとつのものに結集された、それがこの作品の中での会話になっている。そのため、この会話は、情景描写、先ほどの心理描写の両方を、バランスよく満たしている重要なポイントに思える。たとえば、「そろそろ帰ろうよ。おいみんな。」というムードを、よく表わしてるということが言える。また後者では、大学生に対する、申し訳ないような気持ち、無言の遠慮を、ごく自然に含んでいる。このようにこの会話の入れ方、内容は、この作品のしめくくりにふさわしい、巧妙とも言える手法だと思う。

今まで書いてきたように、これらのいくつかの点が、少しも乱れずに、整然と織り込まれているところ、そしてそれらが、まったく不自然な感じを与えずに、この少年たちの心理描写を果たしているところに、私は魅力を感じた。

（六九〜七二頁）

この「推薦文」は、全体の三分の一ほどを省略させてもらいました。

この「推薦文」の対象となった生徒作品は芸術作品ではなく、同じクラスメートの書いた物語ですが、生徒が書き上げた「推薦文」自体は、文字通り、友達の作品に対する「鑑賞文」と見なしてもよいものです。

生徒がこのような「推薦文」が書けたのは、大村はまの次のような行き届いた「てびきプリント」によるところが大きいと言えます。

この「推薦文」を書くための「てびきプリント」には、推薦する生徒作品を読む着眼点として、「相手に伝えて、感動をともにしてもらえるようなすぐれた表現力」、「題のつけ方」、「書き出し」、「その作品のどういうところが、自分をとらえ、ひきつけるのかを書くわけであるが、作品の構成や表現についても書くこと。内容だけにならないように。」、「次のようなことばは、なるべく使わない。使っても一回ずつくらい。（感心した　よい（いい）よく書けている　じょうずだ　うまい　印象に残った　心に残った）」などが示されているのです。

この「推薦文」は、気に入った友達の物語作品を推薦しようとする行為によって、結果として、「鑑賞」という機能が招き寄せられ「鑑賞文」を成立せしめているとみなすことができるでしょう。

⑵　森顕子実践「詩や物語の鑑賞が創作に生きる学習指導―『海鳥単元』を通して―」

森顕子教諭は、中学二年生を対象として「詩や物語の鑑賞が創作に生きる学習指導」（日本国語教育学会編『月刊国語教育研究』第四五三集、二〇一〇年一月号）という実践を行っています。

二　「海鳥単元」の構想（対象：中学校二年生）

この単元は、詩と物語、読者と作者を行き来することが、作品を深く読むことにつながるのではないかと考えて設定した。鑑賞指導ということで言えば、特に三つの教材を学び終えて、創られる作品に、それまでの学習が反映されると考えている。少ないことばで語られる詩や作品世界を明確にイメージするために、想像してできるだけ詳細に文章化してみることで、ことばの背後に広がる世界をとらえやすくなり、それは詩を読んで理解することにつながると考えたことが始まりだった。

（中　略）

◎生徒作品例

「**願**」　僕は　飛びたい／もとの　空のある生活に　もどりたい／さもなくば　死にたい／けれども　死

ねない／朝がきて　昼が行って　夜が呑まれ／確実に回る世界／先の見えない自分／保証されない明日／それでも　何かを信じたい／信じたい　信じたい
（解説）リトルターンの孤独に対する想いと同時に彼の願いを表しました。
「出会い」　僕は空に嫌われた／暗闇の中にいた僕を／助けてくれたのは／横歩きの変な生き物の一言だった／「それはたいしたことではない」／この言葉で／僕は／新しい空を見つけた気がした
（解説）友情を育んだゴーストクラブのやさしさによって勇気づけられるリトルターンの気持ちを表しました。

（以下略）　　（十七～二十頁）

この単元は、「詩と物語、読者と作者を行き来することが、作品を深く読むことにつながるのではないか」と考えて設定されています。森教諭は、鑑賞指導ということに関して、取り上げた「三つの教材を学び終えて、創られる作品に、それまでの学習が反映される」と仮定したのです。

そして、「少ないことばで語られる詩の作品世界を明確にイメージするために、想像してできるだけ詳細に文章化してみることで、ことばの背後に広がる世界」が捉えやすくなると考えたのです。

この実践は、順序としては、「鑑賞」から「創作」へという流れとなっていますが、私の判断では、三つの教材を用いたそれぞれの実践の中で、木坂涼の「魚と空」という詩を読んで「詩」に書き替えさせる指導、三つ目のブルック・ニューマンの『リトルターン』という物語を読んで「詩」に書き替えさせるという趣向は、文章ジャンルを書き替えるということであり、この書き替えという活動を通して生徒に「鑑賞」という働きを含んだ活動を招き寄せていくことになっていると判断されます。

5　文章ジャンルの変換による「鑑賞文」指導の提案

これから提案する指導方法は、従来書かせてきたいわゆる「鑑賞文」にひとひねりを加えて、結果的に「鑑賞」という働きを含んだ表現活動に導いていこうとするものです。

【「鑑賞」活動に導くための一方法の提案】
関心を抱いた対象を物語や脚本、詩や俳句・短歌などのジャンルに書き替えるという活動を通して、その対象への交わりや問いかけを行わせ、生活上の問題意識を喚起させて、鑑賞という働きを招き寄せ成立せしめるという方法です。

この提案は、「関心を抱いた対象（主に芸術作品）」をこれ以外の異なるジャンルの文章に書き替えさせることにより、その《書き替え》という行為によって「鑑賞」という機能を効果的に招き寄せようとする趣向なのです。次に紹介するのは、私が大学の「国語科教育法特講Ⅰ」という授業で行った「俳句を物語風に書き替えることによる『鑑賞文』の作成」の指導記録の一端です。

天国はもう秋ですかお父さん　　塚本　彩（小五）

今日は、外国のお友だちに日本の子どもが作った「ハイク」という短い詩を物語風に書き替えて紹介してあげることにします。

▽今日は運動会だった。私はかけっこには自身がある。

私が小学二年生のとき、お父さんは死んでしまった。あの日はキンモクセイの花が咲く頃で、甘い匂いがふわっと香る日だった。

そろそろ、あの黄色い花が咲く頃かもしれない。空気が澄んだ秋がもうすぐそこにいるような気配がする。こんな今日のような日には、父との秘密練習を思い出す。

小学校に入って初めての運動会。私は絶対に出たくないと、ただをこねていた。学校での練習で私はいつもビリだったから……。

お母さんやお父さん、おばあちゃんたちまで応援に来たら、きっとみんなをガッカリさせてしまう。ビリになるなんて、恥ずかしくてどうしても運動会には出たくなかった。

運動会前日、夕ごはんの時に、私は明日は休むと言い張った。

お母さんは、私が一生懸命走ったのを笑うこともないし、恥ずかしがることなんてないと言ってくれたが、私はまったく納得できずに、ついにワアワアと泣いてしまった。涙が熱くほほを伝った。本当は速く走って良いところを見せたいのに、くやしくて悲しくて、もう涙が止まらなかった。

お母さんもお父さんの顔も涙でにじんで見えなかった。

不意にお父さんの手が私の肩にのって言った。

「今から秘密の練習をしよう」。父は私が泣いているのもかまわずに、くつを出して近くの運動場へつれていった。夜になると、外は寒く涙の熱さもいつの間にか消えていた。空には、月がきれいに光っていた。それから、私たちは何度も何度もかけっこの練習をした。ころんでひざから血が出ても父と私は走るのを止めなかった。月明かりが雲に隠れて足下がまっくらになって、空も地面も私たちもわからないくらいだった。

運動会の朝、私は朝食を平らげて軽やかな気持ちで玄関を出た。今日なら何でもやれる気がした。昨日まで悩んでいたことがウソのようだった。

結果は、下から二番目。でも、不思議と心は晴れていた。昼食を食べた。家族のもとへ行ったときの父の「よくやった」ということばと、大きな体に包まれた感覚は今でも忘れない。

「お父さん、私、ついに一位になったよ。」

仏壇のお父さんの笑顔に向かってつぶやいた。

「よくやった。」お父さんの声が聞こえた気がした。

秋の風がふすまから流れて線香の煙がゆれた。

そっちはもう秋ですか。


上の「ハイク」を書き替えると、このようなお話になります。楽しく読んでいただけましたか。

△

右に引用した作品は、小学校五年生が作った「天国はもう秋ですかお父さん」（金子兜太監修『新版子ども俳句歳時記』一九九七年七月、蝸牛社）という俳句を、大学二年生の学生が大学での私の授業で物語風に書き替えたものです。

外国のお友だちに、日本には「ハイク」という世界一短い詩があるのだということを、その俳句に詠み込まれた内容を物語風に書き替えることによって紹介するという趣向で書いたものです。

学生たちには、小学校の五年生になったつもりで物語風の文章を書くように指示しました。

子ども俳句の書き替えですが、学生は複数の子ども俳句の中から最も関心を抱いた作品を選んでその俳句を味わい、そこに含まれているドラマを自分なりに想像して書き替えています。

このように、学生たちは物語に書き替える活動を通して、そこに作品に対する想像を膨らませ自分自身の生活上の問題意識を呼び起こしながら、「鑑賞」活動を招き寄せているのです。

この他にも、学生たちには「古歌」や「文語調の詩」を「メルヘン風のお話」に書き替えるといった活動を行わせてみました。例えば、次のような「メルヘン風のお話」が作られています。

原文	学生の書き替え作品
海べの戀　佐藤春夫 こぼれ松葉をかきあつめ をとめのごとき君なりき、 こぼれ松葉に火をはなち わらべのごときわれなりき。 わらべとをとめよりそひぬ ただたまゆらの火をかこみ、 うれしくふたり手をとりぬ	愛している人は、かつて少女だった—— 　もう遠い昔、ある小さな海沿いの村のお話。浜ではいつも少年と少女が遊んでいました。 　風に散った松の葉を集める少女はまさに乙女とよぶにふさわしいが、それに火を放って遊んでいた少年はまだ幼い子どものようでした。本当に、何も分からないただの子どもでした。 　そして、二人はよりそって、その火を囲んでいます。ただほんのひとときしか燃えることのない火が嬉しくなって二人は手を取り合いました。 　やはり二人はまだ子どもです。ずっと、一緒にいようと大きくなっても

かひなきことをただ夢み。
入日のなかに立つけぶり
ありやなしやとただほのか、
海べの戀のはかなさは
こぼれ松葉の火なりけむ。

仲良しだよと。ただただ、夢みていました。叶うことはないと知らずに、願いは届かないと知らずに。

しばらくしてから、夕日の沈む浜辺には、ほのかに残る煙の他は何もありませんでした。二人の灯した火は消え、ただただ波の音が聞こえるばかりです。

少女は少年の手の届かないところへと行ってしまい、少年は少女を探しました。やがて、少女はどこかの街で金持ちの家へ嫁いだと聞くと、少年は激しく悲しみましたが、少しずつ彼女のことを忘れていきました。ようやく痛みもなく思い出せるようになったのはごく最近の話です。

海沿いの村にあった小さな恋は、少年のたき火のように熱く、儚く消えてしまいました。今となってはその跡さえもほとんどなくなってしまいました。

この書き替えでは、文語の言葉から口語の言葉への変換ということもあって、そこには必然的に表現上の様々な工夫が求められることになっています。

また、原作品の逐語訳にとどまることになく、そこに適切な解釈と大幅な想像が加えられ、メルヘン風に書き替えるという操作によって、結果的に「鑑賞」という行為を招き寄せていると考えられます。

6　「批評文」を書くことの指導に関する先行実践事例

(1)　大村はま実践「問題発見のために読む―問題解決のための読書に対して―」

大村はま教諭の「問題発見のために読む―問題解決のための読書に対して―」(『大村はま国語教室⑧』一九八四年九月、筑摩書房）という実践があります。この実践は、一九六九年十二月と一九七〇年二月に石川台中学校一年生を対象に行ったものです。

読書を通して新しい問題を発見していくという課題が設定されていて、「批評」読みの学習そのものとなっています。次のような「目標」と、「資料とその準備について」及び「学習の実際」とが紹介されています。

一、目標

○読書が自分に新しい問題を発見させてくれることに気づかせ、読書によって自分の心の世界が開けていくことを感じさせる。

二、資料とその準備について

資料（１）『日本人のこころ』岡田章雄著（筑摩書房）

目　次

一　私たち日本人

二　島国日本

三　みんな親戚

四　雨の日・風の日
五　仏さまと神さま
六　封建的なもの
　年表　あとがき

資料（2）「異人さんの目」朝日新聞　昭和四十五年一月一日

三、学習の実際

【1】てびき「〝日本人のこころ〟を読む」を通読して、だいたいの目のつけどころを知る。問題の解決を求めて読むことには慣れているが、問題発見のために読むことには慣れていない。ただ、本を読んで、「考えたいこと」「とらえた問題」を取り出してみるように指示しただけでは、とまどいが予想される。それで、きっかけを与えるため、また、だいたいの見当をつけるためというほどの軽い意味で、てびきを作った。もちろん、1から順に考えてみるのでもなく、全部にわたって考えなくてもよい。全く取り上げないのがあってもよく、一部に偏してもよいのである。

〈てびきプリント〉

「日本人のこころ」を読む

1　これは問題だ、考えてみなければならない。
2　これはおもしろいことだ、もっと調べてみたい。
3　ほんとうに？　それでは考えてみなければならない。
4　そうだったのか、それでは、これはどうなのだろう。
5　これはおどろいた、どうしてだろう。
6　そうだとすると、……こういうことを考えなければならない。

7　前から聞いていたことだけれど、やっぱりそうか。考えてみなければいけないことだ。
8　ほんとに、このとおりだ。どう考えていったらいいか。
9　これは、真剣に考えてみなければならない、重大なことだ。
10　ほんとうに、これはおかしい、へんだ。考え直さないといけないことだ。
11　これは信じられないことだ、もっと調べてみたい。
12　そうだ、これはやめなければいけない。では、どうすればいいか。それが問題だ。
13　こんな一面があるのか、うれしいような気がするが、考えてみなければならない。
14　この点は、ひとつ、みんなで話し合いたい。
15　これは、自分への宿題です。これからおおいに調べたり、考えたりしてみます。
16　こういう本があったら読みたい。

（以　下　略）

（傍線は大内）。

（一二五〜一三〇頁）

右の「学習の実際」の中に、新しい問題の「発見」につながっていくような〈手掛かり〉が大変行き届いた「てびきプリント」によって示されています。

この「てびきプリント」に示されている観点によって生徒の「探究活動」が促されていくように仕組まれていることが分かります。

この学習では、さらに「まとめのてびき」が示されています。

その中には、「日本人のこころ」を読んで発見したところを「書き抜い」たり、「自分の問題」と付き合わせたり、「テレビを見て思い合わせるところ」があれば、そのことについて取り上げたりしながら、「書き続け」たり、「適当なことば」の選び方や、「考えたことを、くわしくていねいに書く」ことについて、実際の「批評的に書く」書き方が具体的に示されています。

この実践は、論説的な文章を読んで「批評すること」、「批評する文章を書くこと」の指導の方法に具体的な手掛かりを与えてくれています。

(2) 網谷厚子実践「心の耳を鍛える―独創的な読みを導くために―」

網谷厚子に「心の耳を鍛える―独創的な読みを導くために―」(『月刊国語教育研究』第三六九集、二〇〇三年一月号)という実践があります。

その一部を次に取り上げておきます。

三　たぶらかされる―文章スピード・構造になじむ

心を真っ白の状態にしてニュートラルにし、「素直に」しかも「正確に読む」のである。つまり、読者に「なりきる」のである。言葉一つ一つに拘り、批判ばかりしていては、「読み手」としての自らの小さな心の動きを見落としてしまう。読者になりきることが、「感想・批評」の第一歩であると私は感じた。中途半端な読みでは、「感想・批評の刃」が鈍る。最も「鋭くて恐い批評者」となる。

教科書教材は、多くの選者によって厳しく「選ばれた」作品である。「流して読む」にはもったいない作品ばかりである。「素人」の読者を「たぶらかす」こともできない作品は、玄人の作品と言えないかもしれない。

批評文であれ、随想的・文学的な文章であれ、まずは筆者・作者の文章の流れに「なじむ」「たぶらかされる」必要がある。一流の筆者・作品ほど「個性的」であるもので、あっさりとして「読みやすい」と思われる文章でも、「ひねり」があったりして、「癖」はどうしても存在している。それに抵抗していては、「感想・批評」を抱くまでに至らない。「感想・批評」は、ただの「解釈」とは違って、作品の枠から少なくとも「飛び出した」独自のものがある必要があると私は考えるが、「的外れ」であってはならない。「批判的に読む」のではなく、あくまでも「同感・共感」しながら読むことを勧めたい。

① 文章の始め数行は、三回以上繰り返して読む。
② 二度読みはしない覚悟で丁寧に読む。
③ 心を真っ白にして何でも「そうだ・その通り」と頷いていく。
④ 批評文なら一段落に一つ言いたいことがあるはずでその箇所にはすかさず線を引く。
⑤ 文学的文章なら、「凝った（工夫された）表現」にすかさず線を引く。
⑥ 文学的文章の「時制」が今までの流れと相違する場合、その部分を囲い込んでおく。
⑦ 登場人物の「考え」「心情」が吐露されている場面には線または囲い込みをし、共感して読む。
⑧ 想像力を働かせても思い浮かばないもの、理解できない箇所は後で調べたり考えたりするために「?・」を付けておく。等

「謙虚」な気持ちで、どんなものからでも「学ぼう」とする姿勢が基本であると私は考える。「力業」で読むのではなく、むしろ「しなやかに」読むのである。やさしいようでなかなか難しい。

（傍線は大内）。　（二三三～二二四頁）

この実践の中で、網谷はまず、「心を真っ白の状態にしてニュートラルにし、『素直に』しかも『正確に』読む」という、対象である本との出会い方を提案しています。「読者に『なりきる』」という方法です。これは、その文章を書いた人の気持ちになり、その心持ちに寄り添いながら読んでいくという方法です。対象に読者である自分を入れ込むという方法です。

まずは、「筆者・作者の文章の流れに『なじむ』『たぶらかされる』必要がある」として、「『批判的に読む』のではなく、あくまでも『同感・共感』しながら読むこと」が勧められています。

そのための具体的な手順と方法が①から⑧までに示されていて、参考になる提案と見なすことができます。

7　情理を尽くして「批評文」を書くことの指導の提案

(1)　〈発想・着想〉という観点への着眼

ここまでみてきた「批評文」を書くことの指導に関する先行実践事例によって、ひとまず実践のための手掛かりが得られたのではないかと考えています。

さて、ここでは、「批評文」を書くことの指導にとって欠くことのできない〈着眼点〉について考察を加えておきます。

「批評」にとって最も大切なことは、対象から得られた〈感動〉であり〈発見〉です。これは、言葉を換えて言えば、対象のどこに目を付けたのかという問題となります。

そして、次に大切なことは、これらの対象への目の付けどころ、そこから得られた〈感動〉や〈発見〉の因って来るところをどのような言葉で記述していくかという、書き表し方の問題です。

これらを私は、批評すべき対象と出会った人の〈発想・着想〉と位置づけています。

この〈発想・着想〉という用語について、私はかつて、文章制作者の立場に立って、次のような定義づけを行ったことがあります。拙著『国語科教材分析の観点と方法』（一九九〇年二月、明治図書）の中で行った定義づけです。

> 発想・着想＝書き手の内部に胚胎した制作の動機・目的。さまざまな事物・事象（＝もの・こと）の中から価値ある題材を発見する心的な過程。また、この題材を効果的に展開していくための素材（＝事実や意見・感想）の取り上げ方・焦点のあて方、さらに、読み手を説得するための記述・叙述上の力点の置き方、表現面への方向づけなど。
> （一七〇〜一八六頁）

この〈発想・着想〉という観点とその定義づけは、私が修辞学の第一部門にある「インベンション（＝発想）」という概念を手掛かりにして行ったものです。

〈発想・着想〉とは、当該の文章を制作した人の内部に生まれた制作への動機・目的、その人を取り巻いている様々なものごとからその人にとって価値があると思われた題材を見つけ出していくプロセスのことです。また、その題材を効果的に展開していくための素材の取り上げ方や焦点のあて方、さらに、読み手を説得するための記述・叙述面での力点の置き方など、表現活動全般にわたる、その制作者に特有の独創的な部分を含めたものを表しています。

〈発想・着想〉とは、平たく言えば、〈目の付けどころ〉、着眼点のことです。文章の書き手が書こうとする対象のどこに目を付け、そこからどのような題材を掘り起こし、それをどのような記述・叙述で効果的に訴えようとしているのか、という表現上の方向付けまでを含んだ概念です。

以下に、この〈発想・着想〉（=目の付けどころ）に関して、実際の批評文を取り上げながら考察を加えてみようと思います。

私はかつて、彫刻家の舟越保武という人の書いた「モナリザの眼」（日本エッセイスト・クラブ編『'85年版ベスト・エッセイ集 人の匂い』一九八五年八月、文藝春秋、二一一～二一四頁）というエッセイを読んだことがあります。

このエッセイは、レオナルド・ダ・ビンチの有名な「モナリザ」の絵に描かれているモナリザという女性の「眼の秘密」を発見したときのことを述べた文章です。なお、このエッセイは、表現上の特徴から明らかに「批評文」とみなしてもよいと考えられます。

舟越は、この「モナリザ」の絵からモナリザという女性の「眼の秘密」を発見したのです。そして、その時の感動が見事な表現手法で余すところなく書き表されています。

そこで、以下に、この「モナリザの眼」という文章を取り上げて、この文章の制作者・舟越保武の〈発想・着想〉（=目の付けどころ）という独創的な着眼点を取り出して、「批評文」を書くことの指導への手掛かりを探っていくことにします。

さて、モナリザという女性の「眼の秘密」とは、その眼が「妊婦の眼」ではないかという、舟越独自の発見のことです。要するに、モナリザの眼が「妊婦の眼」であるというところに、舟越の〈発想・着想〉（=目の付けどころ〉があります。

これまで、モナリザという女性が妊婦であったという説は誰も唱えたことがありませんでした。それを、舟越は、モナリザの眼から探り出したというのですから、これは舟越独自の発見ということになります。

この舟越独自の発見とそれによって生まれた感動とを彼は、この批評文によって読者に主張し訴えようとしたのです。

その発見のきっかけは、舟越がたまたま「電車の中で、前の席に座っていた婦人の眼を見た時」にありました。「その婦人は、眼をこっちに向けている」が、「外を見ていない」のです。そして、「その視線は、彼女自身の内に向けられている」というのです。

「その婦人は、自分の身体の中を見ている」、「胎内を見ているのだ」、「胎内にうごめく胎児を見まもる眼であった」という発見です。

舟越のこのような見方・考え方にも彼独自の発見と感動があり、これもまた舟越の〈発想・着想〉（＝目の付けどころ）と言えます。

舟越によるこの発見の根拠は、その婦人の「色白で、透けるような肌」、「やや薄い色の瞳」にあったというのです。これは、舟越が自分の眼で確かめた具体的な事実です。

このような具体的な根拠に基づいて、舟越は、「この婦人の眼」に「モナリザの眼の秘密」を発見したのです。

この文章の〈発想・着想〉すなわちこの文章を書いた舟越保武という人の制作の動機・意図は、「モナリザの眼」が「妊婦の眼」だという発見と感動を読者に訴えたいというところにあったのです。

レオナルド・ダ・ビンチの「モナリザ」については、その微笑みを「謎の微笑」と言ったり、この女性を娼婦とみなすといったように、様々な説がありました。それらの説のいずれにも与しない舟越独自の発見が、舟越をしてこの文章を書かせた強い動機であったことは間違いないところでしょう。

その「モナリザの眼」が「妊婦の眼」だという発見のきっかけが、「電車の中で、前の席に座っていた婦人の眼」にあったということ、そして、「その視線」が「自分の身体の中を見ている」、「胎内を見ている」、「胎内にうごめく胎児を見まもる眼であった」という畳みかけるような理由付けが、この「モナリザ妊婦説」を説得力のある説にしていることが理解されます。

さらに、「色白で、透けるような肌で、やや薄い色の瞳」、「お腹がかすかにふくらんでいる」といった具体的な事実を指摘している部分の作者の観察力に、いかにも彫刻家としての面目が躍如としています。

そして、「私は妙に確信を覚えた」、「私の確信は的中していた」、「まさしく、同じ眼のありようなのだ」、「胎内に向けられているので、そのように思われるだけなのだ」、「心が外に向いている眼と、内側に向けられている眼では、明らかに対照的なのだ」といった強い断定的な文末表現の反復も説得力を増幅する表現効果をもたらしています。

さらに、「私はじろじろとその婦人を見たのではない」、「無礼にはならない」、「キラッと光って物言う眼ではない」、「思索する眼でもない」、「悲しみでもなく喜びでもない」、「この眼は、妊娠している人のほかにはあり得ない」、「私は詳しくは知らない」、「まさに妊婦の眼にちがいない」、「衣装のふくらみについての蛇足など要らない」といった否定的な言い回しの文末表現を繰り返し使用している記述・叙述面によっても強い説得力がもたらされています。

このように、強い断定的表現と否定的な言い回しを畳みかけた後に、「私はレオナルドの絵画について、特に詳しく研究したわけではないが、モナリザの絵の眼にこだわっていたので、何かを探しだそうとの私の慾ばりがあった。それでこのような不遜な見方が生まれたのかもしれない」と、一転して控えめなもの言いで締め括っています。

このような強弱を加えた言い回しが、逆に、ひょっとしてこの作者の言う通りなのかもしれないと、思わず読者の心を引き込んでしまうような結びのテクニックとなっています。

(2)　論理的説得と心理的説得の両面から
―トゥルミンモデルの行使と記述・叙述面からの方向付け―

「批評文」の特徴は、書き手が訴えようとする発見や感動を第三者に十分納得してもらえるように書かれているところにあります。そのために、書き手は情理を尽くして書く活動を行っていく必要があります。〈情理を尽くす〉とは、文字通り、論理的説得と心理的説得の両面から書く活動を行っていくことです。

そこで、ここでは、論理的説得の方法をトゥルミンモデルを行使することで、また、心理的説得を文章の記述・叙述面からの方向付けから述べてみることにします。このトゥルミンモデルは、「三角ロジック」などとも呼ばれています。

なお、トゥルミンモデルは、イギリスの分析哲学者トゥルミン（S.Toulmin）が考えた議論の分析モデルのことです。ある〈主張〉を行うために、それを支える〈根拠としてのデータ〉が必要となり、さらに、どうしてそのデータからある主張が出来るのかという〈理由付け〉が求められます。

これらに、その理由の〈裏付け〉、理由の確かさの程度を示す〈限定〉及び〈反証〉（「～でない限りは」という条件）が加えられています。

このトゥルミンモデルについては、井上尚美による詳しい考察（『思考力育成への方略―メタ認知・自己学習・言語論理―〈増補新版〉』二〇〇七年四月、明治図書）があります。

井上は、右の論証モデルの中で、〈裏付け〉と〈限定〉、〈反証〉は、〈根拠＝データ〉と〈理由付け〉と〈主張〉に対する「但し書き（条件づけ）」であるから、大きな枠組みとしては、「『主張』とそれを裏づける『データ』『理由』の三つを中心」に考えていく方がすっきりすると述べています。

井上のこうした考察を踏まえて、近年、鶴田清司が「根拠・理由・主張の3点セット」（鶴田清司／河野順子編著『論理的思考力・表現力を育てる言語活動のデザイン〔小学校編〕』二〇一四年八月、明治図書）を提唱して、各種言語活動の充実を図ることを目指しています。

私は以下に、このトゥルミンモデルと修辞手法としての記述・叙述面の両面から、情理を尽くして「批評文」を書くことの指導の在り方について、提案を行っておきます。

ここでは、参考教材として、先に取り上げた舟越保武の「モナリザの眼」という批評文を取り上げていきます。これから取り上げていく内容は、ほとんど先に述べた「〈発想・着想〉という観点への着眼」に重なることをお断りしておきます。

まず、この批評文を書いた舟越がレオナルド・ダ・ビンチの描いた「モナリザ」の絵の中から発見したのは、モナリザという女性の「眼の秘密」でした。その秘密とは、モナリザという女性の眼が「妊婦の眼」であるというものです。

このモナリザの眼が「妊婦の眼」であるという発見とその時の感動が舟越が読者に訴えようとした〈主張〉です。

この発見のきっかけは、舟越がたまたま「電車の中で、前の席に座っていた婦人の眼を見た時」にあったというのです。「その婦人は、眼をこっちに向けている」が「外を見ていない」のです。そして、「その視線は、彼女自身の内に向けられている」というのです。

舟越が電車の中でたまたま見た事実――この事実は、彫刻家としての鋭い観察力が捉えた事実ということになるでしょう――が、モナリザの眼を「妊婦の眼」と判断した〈根拠〉と言えます。

舟越は、さらにその〈根拠〉を、電車の中で前に座っていたその婦人が「色白で、透けるような肌で、やや薄い色の瞳」をしていて、「お腹がかすかにふくらんでいた」という具体的な事実に求めています。

一方、モナリザの絵からは、「絵の中で、前に置かれた手の位置や、衣裳のふくらみ」などが〈根拠〉として付け加えられています。

舟越が電車の中で「妊婦の眼」をモナリザの眼と結び付けた〈理由付け〉と考えられるのは、彼の彫刻家としての鋭い洞察力にあります。舟越は、眼には「キラッと光る眼、話しかける眼、微笑する眼、憂いに沈む眼、千差万別の眼がある」が、モナリザの眼にはその中のどれでもない、「モナリザにしかない特別の眼」があると洞察したのです。

さらに舟越は、その洞察力によって、「外を見る眼と内側を見る眼」が「誰にでも、それとわかるほどの大きな違いなのだ」という判断を下しています。その上で、舟越は、電車の中の婦人の眼が「自分の身体の中を見ている眼、「胎内にうごめく胎児を見まもる眼」なのだという判断から、モナリザの眼が「妊婦の眼」であると確信した〈理由付け〉として述べています。

以上が、舟越のこの批評文における〈主張〉とそれを支える舟越自身が見た事実としての〈根拠〉、そして、この根拠によって舟越の主張を支える〈理由付け〉としての判断です。

これが「モナリザの眼」という批評文に見られる論理的説得の側面です。

これに対して、心理的説得の方面からの舟越の修辞手法についてみておきましょう。

舟越の修辞手法の特徴は、主にその文末表現に端的に表れています。

舟越は、電車の中で出会った婦人が妊娠していることに関して、「私は妙に確信を覚えた」と述べ、「私の確信は的中していた」、「まさしく、同じ眼のありようなのだ」、「胎児に向けられているので、そのように思われるだけなのだ」、「心が外に向いている眼と、内側に向けられている眼では、明らかに対照的なのだ」（以上、傍点は大内）といった強い断定的な文末表現を用いています。

これらの文末表現が心理的な説得力を増幅する効果をもたらしています。

さらに、「わたしはじろじろとその婦人を見たのではない」、「無礼にはならない」、「キラッと光って物言う眼ではない」、「思索する眼でもない」、「悲しみでもなく喜びでもない」、「この眼は、妊娠している人のほかにはあり得ない」、「私は詳しくは知らない」、「まさに妊婦の眼にちがいない」、「衣裳のふくらみについての蛇足など要らない」（傍点は大内）といった否定的な言い回しの文末表現が繰り返し使用されています。

これらの否定的な文末表現も強い説得効果をもたらしているのです。

このような強い断定的表現と否定的な言い回しを畳みかけた後で、「私はレオナルドの絵画について、特に詳しく研究したわけではないが、モナリザの絵の眼にこだわっていたので、何かを探しだそうとの私の慾ばりがあった。それでこのような不遜な見方が生まれたのかもしれない」と、一転して控えめなもの言いで締め括っています。

このような強弱を加えた言い回しが、逆にひょっとしてこの筆者の言う通りなのかもしれないという気持ちに読者を誘ってしまうような結びのテクニックになっているように判断されます。

「批評文」の創作指導に際しては、以上にみてきたように、論理的説得面と心理的説得面の両面を見据えた指導の方向付けが欠かせないと考えています。

以上、「批評文」を書くことの指導への手掛かりについて述べてみました。

中学校や高等学校の現場において、文芸作品や絵画、音楽、映画、テレビドラマ、ＣＭなどの多様な対象を取り上げて「批評文」制作に向けた実践指導が行われていくことを期待しています。

8　「鑑賞文」及び「批評文」を書くことの指導の意義

「鑑賞文」及び「批評文」を書くことの指導の意義を次のようにまとめることが出来ます。

◎「鑑賞文」制作を通して、芸術的な作品に積極的に交わり、問いかける中から何らかの感動や共感を抱き、そこに生活上の問題意識も呼び起こしながら自らのものの見方や感じ方・考え方を広げ深めることができます。

◎「批評文」制作を通して、感動や共感を与えてくれた芸術的な作品の中から価値ある題材を掘り起こして、それを他者にも十分に納得してもらえるような修辞的思考力と表現能力を陶冶することができます。

ストップモーション方式による授業記録

中村麻里那教諭による「批評文を書く」授業

写真メディアの批評文を書く（中三・国語）

―写真コンクールの審査員になろう―

記録者：大内善一（茨城大学名誉教授）

※この授業は、二〇一八年十一月三十日（金）に開催された茨城大学教育学部附属中学校公開授業研究会において中村麻里那教諭によって行われた。対象学級は三年三組である。単元名は「写真メディアの批評文を書く」と題して五時間扱い（本授業記録では第三時を取り上げる）で設定されている。

本単元設定の意図は近年急速に拡がっているSNSのサイトやアプリ等への投稿内容に見られる「いいね！」といった感覚的な反応や写真に対して「インスタ映えする写真だね」といった手軽で気安い言葉遣いが行われている実態への懸念にあったとのことである。自分が他者の投稿や写真に対してどのような点を「いいね！」と感じたのか、どんな部分が「映え」ているのかという点が具体的に表されていない、といった懸念である。このような言葉遣いを安易に行っていたのでは、「国語で正確に理解し適切に表現する資質・能力を育成する」ことにはならないのではないかという問題意識からこの単元が計画されたのである。学習指導要領では、第三学年の「言語活動例」に批評文を書く活動が例示されている。そこで、写真メディアを題材として取り上げて、写真から与えられた何らかの感動や発見の根拠を挙げ理由づけを行って他者にも十分に納得してもらえるようにするための表現活動として批評文を書く活動の指導が計画されたようである。なお、指導に際しては、批評活動においてより適切な言葉を使用するために、生徒の語感を磨き語彙を豊かにするための手立ても工夫されている。

1 写真コンクールの審査員になろう!

いよいよ本時は、四人一グループで批評文を書く作業に入る。複数枚の写真からグループごとに批評の対象とする一枚の写真が選ばれている。その写真を見て感動したり発見した事実（＝根拠）や理由をグループの中で話し合い批評文にまとめていくことが本時の課題である。

各グループで選んだ写真とは別に教師の方から写真コンクールで入選した二枚の写真が提示される。一枚は「緑鮮やかなモミジの木の下に佇む犬と飼い主」、もう一枚は「庭で女の子と犬がボールで戯れている」写真である。

今日の授業では、実際にみなさんに審査員になってもらいます。先生が今から出す写真は写真コンクールで入選した写真です。
みなさんだったら、この写真どう批評しますか？ グループで選んだ写真もどう批評しますか？ この写真についている審査講評を読んで批評のコツをつかんで下さい。

教師から提示された二枚の写真には、それぞれ審査員の講評が付いている。この講評がこれから生徒たちがまとめる批評文のグッドモデルとなる。

『写真を批評したモデル文を読んで審査講評の工夫についてグループの中で考えてみて下さい。』

「この写真って動物愛護コンクールの入選作品なんですよね。テーマにふさわしい作品だということが書かれています。」

『確かに、場に応じた表現、どちらにも書かれているね。他にはあるかな。』

「文末表現が敬体で丁寧な感じです。読み手に語りかけている感じがするな。」

『相手意識、大切ですからね。テーマに合わせているのかもしれないですね。』

「写真を撮る技術の良さじゃなくて、写真からこんなことが読み取れるというふうに書かれています。」

『そっか、写真を撮る技術コンクールではないですからね。読み取れることを分かりやすく書くって大事ですね。』

「その写真がどんなことを伝えたいのかというのを、撮った人の立場になって書いている気がする。」

「色彩とか動きとかについて、分かりやすく書いています。いいと思った理由とか、根拠とかになるのかな。」

『なるほど。いろいろな角度から、良さを伝えているんですね。みなさんがコツをたくさん見つけてくれました。今、色彩って言葉が出たけれど、この一枚目の写真からどんな色が感じ取れるかな?』

「緑!」

「黄色っぽい緑だけど、黄緑とは違うなぁ。」

『表し方って難しいよね。基本的に緑だけど、緑よりもふさわしい言葉とか表現ってないかな?』

「新緑とか、どうですか。」

『お! それいいね。(板書)緑のところから線を引っ張って、新緑、と書いてみましょう。新緑は緑の仲間だけど、緑だけの時と印象が違う言葉だよね。いわゆる類義語だよね。』

「先生、類語辞典で引いて出てきた言葉で、青々しい、がありました。新緑と似ているかもしれないけど…。」

『確かに似ているね。「青々とした緑」という言葉も聞くし。緑なのに青…。』

ストップモーション①

教師が提示した二枚の写真に添えられている審査講評文は生徒達がこれからまとめていく批評文のグッドモデルである。それだけにモデル文から生徒達に審査講評の工夫についてじっくりと学ばせていたのは適切であった。場に応じた表現、相手意識、写真撮影の技術でなくて写真から読み取ったこと、さらに、樹木の色彩に関する表し方から類語にまで言葉の広がりを求めていったのは本単元の狙いの一端に結びついていて良かった。

2 批評の言葉を広げるウェビングマップの活用

いよいよグループごとに選んだ写真に対する批評文をまとめていくことになる。提示された写真は総数十枚である。批評文にまとめる前に、批評の言葉を類語辞典を活用して収集・整理する作業を行うことが教師から説明される。そのために、「批評の言葉を広げるウェビングマップ」というワークシートを活用することが伝えられる。ワークシートについての次のような説明が加えられる。

今回は、観点を三つに分けますよ。「色彩語」「象徴語」「視点・視角」です。色彩語は色に関する言葉。象徴語は写真から見て取れる印象を表す言葉。視点・視角は見る立場・見る角度・焦点の当て方。最後の視点・視角は批評文を書く対象が写真なので、写真ならではの観点ですね。

この後、グループごとに選んだ写真についてウェビングマップ作りが行われている。シソーラスや類語辞典が活用されている。

あるグループによって作成されたウェビングマップは下に示したのようなものである。

ストップモーション②

「ウェビングマップ」とは、思い付いたアイディアを次々にメモしていき、そのアイディアをつなげていって思考の整理に役立てるものである。収集した情報を再構成し分類し関連づけていく上で有効な思考ツールとなる。この

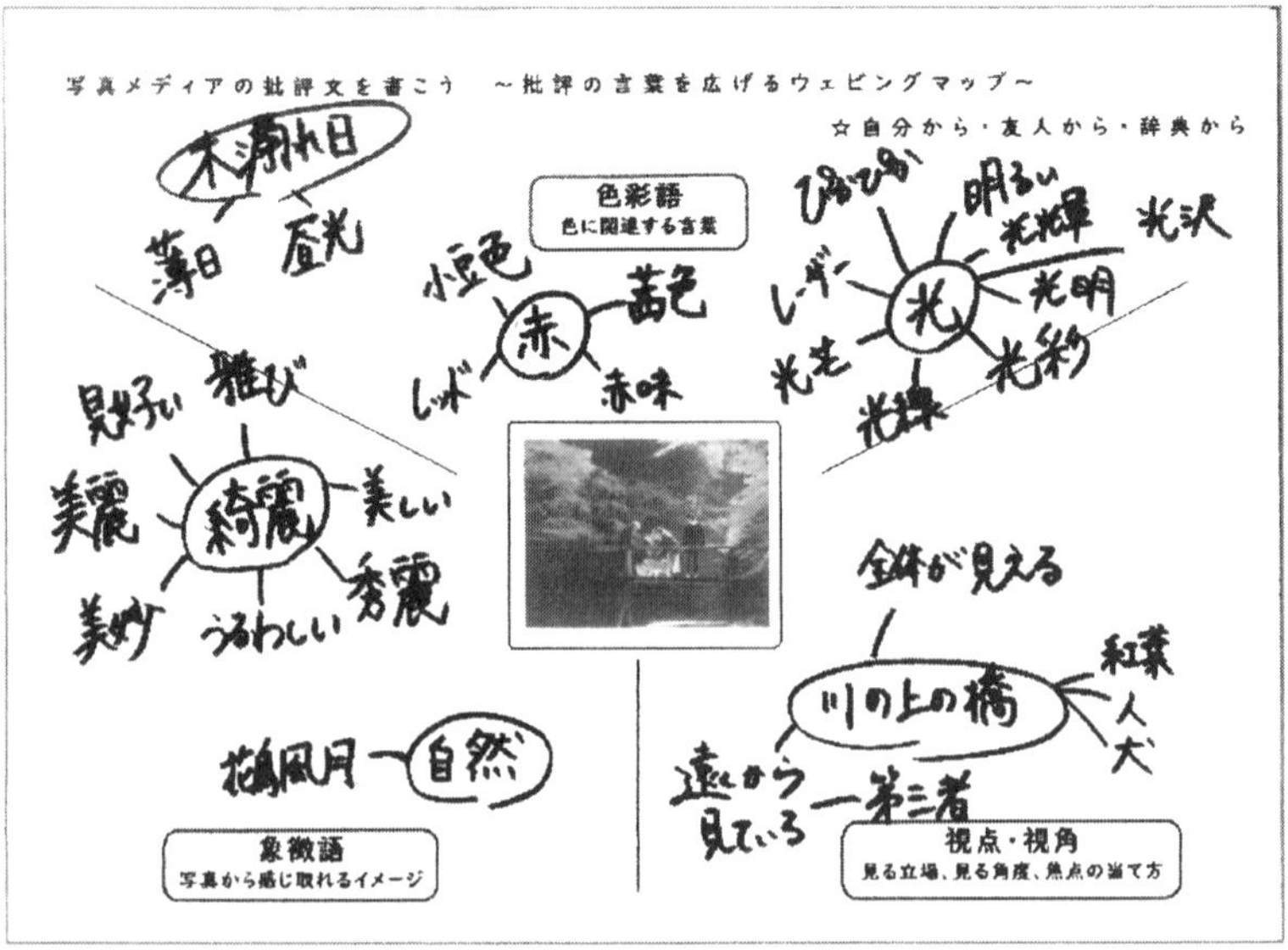

「ウェビングマップ」は個人で使っても有効であるが、ここではグループの中で使われているのでメンバーのアイディアを整理していくために一層有効に機能していったと考えられる。

3 収集・整理した批評の言葉を発表する

『では、どんな言葉が集まったかな。発表してもらいましょう。』

「自分たちの班の写真は、紅葉の中に橋がかかっていて人と犬がいる写真なんですけど、全体的に赤い感じで。赤を他の表現で探したのですが、いろいろ出てきました。その中では、茜色、というのが合っている気がしました。」

『色彩語について検討したんですね。写真から受ける印象により近い気がします。他にはどう?』

「私たちの班の写真は、宿泊共同学習に行った時のものです。橋を渡っている後ろから光がさしているんですが、もしかしたらあえてそうした、という話になって。光は光でも逆光という状況。それが逆に、人の影を浮かび上がらせていて、この写真の良さになっている。」

『なるほど。見る角度、撮影者の立場になって考えたね。表情を撮りがちだけど、あえて影、工夫しているねぇ。』

4 批評のモデル文を読んで批評文を書くための観点を考える

『いよいよこれから批評文の記述に入っていきます。その前に、先生も試しに批評文を書いてみました。題材にした写真はこれです!』

『これが先生が書いた批評文です。(資料を配付)批評文を読んで、よりよい批評文を書くための観点にはどんなものがあるか考えてみて下さい。』

※上の写真の出典は、『遊ぼう！　写真はことば』（一般社団法人カメラ映像機器工業会編、二〇一七年五月）

①夏の風物詩である水遊び。子どもたちにとって、真夏の暑い日に家の庭で水遊びをすることは、本当に楽しいひとときである。この写真は、②楽しく遊ぶ子どもたちを中心に撮るのではなく、あえて少しはなれた位置にいた虫にピントを合わせているところが実に面白い。③虫の背後に子どもたちの姿を写すことで、本人たちが楽しむ姿を見守る第三者の存在にも気付かせてくれるのだ。それは虫だけではなく、他の友達かもしれないし、家族かもしれない。あえて客観的な視点に立つことで、④周囲にも笑い声が聞こえてくるほど楽しんでいる様子が伝わってくる。それと同時に、楽しそうに笑い合う二人と、それをはなれた位置からこっそりと聞いている一匹の虫との対照的な姿が映し出されている。⑤にぎやかな笑い声を聞いて、

この虫は今どんな気持ちでいるのだろう。ぜひ想像してほしい。

（①～⑤までの傍線は記録者の大内。）

ストップモーション③

右のような批評文のモデル文を教師が自ら書いて提示したことは生徒たちにとって有力な手助けとなる。第三者に対してより説得力のある批評文にしようとする指導の狙いに沿ったモデル文となっていることが傍線を付してある箇所からも窺える。ちなみに、傍線②は写真が映し出している事実（根拠）である。傍線③には、前半部分に写真事実（根拠）が述べられ、後半部分にはこの事実から筆者が判断した理由付けが述べられている。傍線④と⑤を付した文にも理由付けが述べられている。また、傍線①は体言止めの表現で始まっている。書き出しから体言止めが行われていて文章に対して簡潔で分かりやすそうな印象を与える効果をもたらしている。傍線③の文末が「～のだ。」という強い断定表現で記述されていることも、読者への説得効果を高めている。これらの表現から教師が取り上げた写真に映し出されている事実（根拠）を押さえ理由付けを行うという論法と体言止めや文末表現などの修辞的な表現技法によって第三者を納得させる説得力のある批評文のグッドモデルになっていると判断される。


『少し時間がたったので聞いてみましょう。どうですか？』

「やっぱり、構成って大事だなって思いました。最初は全体的なことから始まって、だんだんにイモムシの視点になってきている。」

『そうですね。文章構成については物語を読む単元でも取り扱っていますからね。他はどうですか。』

「『あえて客観的な視点に立つ』と書いてある。やっぱり視点にも着目するべきなんだなと思いました。あと、表現技法。最初の文章が『夏の風物詩である水遊び。』といきなり体言止めです。」

『確かにそう。さまざまなところに気付きましたね。ちなみに、最初の文が体言止めだと、どんな効果があるのかな？』

「やっぱり、内容に引きつけられる。あと、簡潔だから読みやすい。最初の文章から長いと、読み手のモチベーションが上がらない。」

『なるほどね。書き出しの工夫、自分たちで書く時も参考になりそうな部分だね。』

5 グループで選んだ写真の批評文を書く

『では、これから批評文を書いてもらいます。前回作成した構成メモはもちろん、批評の言葉集めでメモした言葉を使ったり、観点を参考にしながら書いていきましょう。字数は二〇〇字程度を目安としています。時間は十五分とします。その頃にまた声をかけますね。』

批評文を書く作業に入る前に、次のような作成上の観点が板書されている。

【よりよい批評文を書くための観点】

・文章構成
・写真の見方
・批評の言葉
・表現技法

ストップモーション④

生徒たちは前時に作成されていた「批評文のプロット」や「批評文のモデル文を見て気づいたこと」なども手掛かりにしながらグループ内で批評文を書く作業を進めていた。本時は、批評文をまとめて発表するまでで時間がきてしまったので、批評文を読み合う作業にまでは進めなかった。書き上げた批

評文をグループ内で読み合い推敲を行っていくのは次時の作業となった。

この後、各グループでの作業の進み具合をみながら、時間が残り少なくなったので、一部の生徒に批評文を読み上げてもらっている。ここには、当日発表された作品も含めて、参考までに五人の生徒が書いた批評文を取り上げて紹介しておこう。

I・N

この漬けマグロ丼は、見た目だけでなぜこんなにも食欲をそそるのだろうか。ポイントは二つある。まずは光と影の使い方だ。器は中が白く明るい色が使われており、外は暗めの印象を与える茶色だ。食材もたくあんやガリなどの鮮やかな色あいを用いており、器の中へと目をうばわせる。次に配置だ。いつもならば、隅に寄せられてしまうガリやたくあんが堂々と真ん中に居座っている。いつも脇役だったガリやたくあんも主役におどりでることによって、全員で作りあげているという食材達の輝きを感じ取ることができる非常に素晴らしい作品だ。

S・Y

春の象徴ともいえる満開の桜。私たち日本人にとって桜とは昔から様々な場面で楽しまれてきた。非常に親しみ深い樹木である。この写真は、満開の桜の木を中心に撮るのではなく、あえて近づき桜の花びら一枚一枚が鮮明に浮き立つのが分かるようにピントを合わせているところが実に面白い。普段、全体像でしか見ない桜を間近からみることによって、真っ青な空とうすく透き通るようなピンクの桜の花びらの濃淡の対比色がより桜を強調させている。そして、桜のほのかに甘い香りが香ってくるような気がする。太陽の陽差しが春の暖かくポカポカした感じが表現されていてとても良い。桜の美しい香りをぜひ想像してみてほしい。

K・H

春の暖かさを感じることのできるお花見。青空の下で美しく花を開いた桜を見ると、春の訪れを感じられる。この写真はそんな桜に感動している人々ではなく、お花見の場で風景に彩りを与えてくれる提灯にピントを合わせている所が非常に興味深い。華やかなあたたかみのあるデザインの提灯を中心にし、背景をお花見を楽しむ人々にすることで、私たちを静かに見守ってくれる提灯の優しさが感じられる。また、一人で人々をながめて風に吹かれている提灯というとらえ方をすると、寂しさを感じ、一枚の写真で優しさと寂しさの対照的なとらえ方ができるというのも、この写真の魅力的な部分である。

T・A

夏の炎天下の中、ジャージ姿の生徒たちが橋を歩いている。一人は楽しそうに一人は疲れたように一人一人異なった雰囲気を発しているのが、顔が見えなくても伝わってくる。撮影者が逆光で顔が見えにくくなってしまうのを理解した上で、あえて下から撮っている事に気がつくとこの写真の凄さを改めて感じた。また、この写真には無駄なものが一つもない。太陽も青空も空も木々も全てのものが役割をもってこの写真に映っている。

わたしはこの写真を通して写真の全てを伝える力に驚いた。写真は映っていない所まで私たちに見せてくれる。私にはまだ写真の凄さを伝えきれる力を持っていない。なので、今後この力を養っていきたい。

Y・K

赤色、青色、紺色の和傘と共に吊り下がっている桜や西洋の花々。暖色と寒色を基調とした彩り豊かなコントラストと一緒に演出されているアシンメトリーなこの空間は奥行きや美しさを感じさせてくれます。奥行きは私たちに日本の和の奥ゆかしい繊細さと、西洋の鮮やかさや華やかさ、和洋折衷だからこその美しさを訴えてくるようです。一見、ただ鮮やかで華やかな西洋のみが強烈に伝わってくる作品ですが、和傘や背景の一部になっている布に視点を移すと、日本の伝統的な七夕祭りをも連想させてくれます。作品を見る度に新たな魅力を生み出せる素敵な作品です。

（傍線は記録者の大内による。）

ストップモーション⑤

ここに取り上げた五篇の批評文の生徒作品は、各グループの中から一篇ずつ取り上げたものである。生徒たちはそれぞれのグループで選んだ写真についての批評を共同で行っている。しかし、実際の批評文を書くのは、生徒一人一人の個別作業となっている。そして、次の時間にはグループの中で書き上げた批評文を読み合ってそれぞれに推敲を行うという作業が取り入れられている。読み合った後には三色のポストイットを使ってアドバイスの交換が行われている。なお、予め提示されていた作品は写真コンクールで入選した十種類の写真である。紙幅の都合でこれらの写真を掲載することは控えた。生徒がまとめた批評文を読むと、傍線を付した箇所からも理解されるように、批評文の眼目である第三者に納得してもらえるための根拠や理由付けなどの論法、モデル文でも示されていた体言止め、その他の修辞技法などが十分に踏まえられていて、いずれの作品も見事な批評文となっている。教師による批評文のグッドモデルの提供や、グループでのシソーラス・類語辞典を活用した批評の言葉の収集・吟味のための活動、批評文を書くためのプロット作成などの活動を積み重ねた成果と見なすことができよう。

十四　双方向型作文学習の授業づくり

1　双方向型作文学習の構想

「書くこと」の学習活動は、学級という集団の場で行われています。それにも関わらず、これまでの作文学習は、あまりにも〈個〉に埋没し過ぎていたのではないでしょうか。

「書くこと」の活動では、「話すこと・聞くこと」の活動のように、書く活動の相手である読み手を想定することは出来ても、その読み手が目の前にいなかったり、直ちに読み手からの反応が得にくいといった状況の中で書かざるを得ません。「話すこと・聞くこと」の活動では、聞き手が目の前にいてその反応を確かめながら話を続けていくことが出来ます。その結果、話への弾みもつきます。

書くことの活動においてもこのような状況を作り出すことが出来ないものでしょうか。

出来るはずです。学校という学習の場では、社会一般の生活の場と違って、工夫次第で書き手も読み手も同時に存在するような状況を創り出すことが可能なのです。

つまり、読み手が次の学習ステップにおいては書き手となり、反対に最初の書き手が読み手となるといった状況を意図的に創り出しさえすれば、学級という同じ場所に書き手と読み手がほぼ同時に存在するということになります。

学習の場には、せっかく大勢の子どもたちが机を並べているのです。こうした環境を活かさない手はないでしょう。これからの「書くこと（作文）」の学習指導においては、社会一般の生活の場とは異なるこのような学級という学習の場の特性を大いに活用していくべきです。

〈個〉に埋没していた従来の「書くこと（作文）」の学習指導を、書き手と読み手が交互に立場を変えて書き合い読み合えるような学習に改めていきたいものです。これが〈双方向型作文学習〉と命名した提案です。

このような提案を私はかつて拙著『「伝え合う力」を育てる双方向型作文学習の創造』（二〇〇一年一月、明治図書）と題して行いました。

本書でも、改めてこの提案を行っておきたいと思います。

2　現在の作文学習指導に見られる〈双方向型〉の指導事例
―リレー形式で〈お話〉や〈意見文〉を書く学習―

白石寿文／桜井直男編著『小学校作文の授業―練習学習と書くことを楽しむ学習―』（一九八六年三月、教育出版センター）という本があります。この本の中の「書くことを楽しむ作文活動」の中に「リレーして書く」（小学校五年生・六年生対象）という実践が報告されています。

この「リレー作文」は、前の人が書いた作文の内容を受けて次の作文を書き継いでいきますので、リレーを行うメンバーの間に双方向の〈伝え合う〉活動が成立しています。

この実践では、全部で六本の次のようなリレー作文が報告されています。

1　お話を作りながらリレーして書く
2　会話や地の文をリレーして書く
3　連想したことばをふくらませつつ書く
4　説明しながらリレーし、くわしい文章にする
5　想像したことをリレーして書く
6　リレーしながら意見文を書く

ここでは、これらの中から、「1　お話を作りながらリレーして書く」と「6　リレーしながら意見文を書く」の二つの実践を紹介しておきましょう。

「1　お話を作りながらリレーして書く」の実践では、まず次のような「冒頭文」が与えられています。


「ただいまあ。」

ぼくは、学校から帰るといつものように大きな声で言った。

「お帰り！」

というお母さんの明るい声がかえってくるはずなのに、今日は、しんとして物音ひとつしない。へやのアイロン台の上には、お父さんのシャツがかけかけのままにおいてある。でも、お母さんのすがたは、どこにも見当たらない。えんがわの窓も大きく開いたままで、カーテンが風で静かにゆれている。

その時だ。電話のベルが、静けさをやぶってけたたましく鳴り始めた。

この冒頭文に続けて、六年生の男子二人と女子二人の四人がリレー式で制作したのが次の作品です。

A　ぼくは、あわてて電話の方へ行き、じゅわきを取った。すると、

「もしもし、てっちゃん。」

お母さんのやさしい声がしたのでほっとした。でも、ほっとしたかと思うと次はびっくり。弟がけがして、それであわてて病院へ行ったというのだ。

B　お母さんに、国立病院まですぐ来るように言われたので、ぼくは自転車で急いで行った。

病院では、すぐにお母さん達を見つけることができた。でも、なんだか様子がおかしい。ぼくは、不安な気持ちで、

「どうしたの？」

ときいた。すると、お母さんは、目をふせたままで、

「あのね、ゆう君の足ね、もうだめだって。今まで気がつかなかったけど、ずっと前から悪くなっていたそうなの。机に脚をぶっつけたぐらいであんまりいたがるからおかしいと思って連れて来たんだけど…。」とつかれた声で言った。そして、お母さんは、わっとなき出してしまった。

C　ぼくもなきたかった。でも、お父さんがいつも言っている「男の子は…。」ということばを思い出して歯を食いしばってこらえた。いつもけんかばかりしている弟だが、やはり悲しかった。弟は、松ばづえをついて歩くことになるだろう。

D　ぼくは、たまらなくくやしかった。まだ小さい弟から足をうばってしまうなんて…。なみだがあふれてくる。でも、ぼくは、あふれるなみだをふいて心に決めた。これからは、弟をはげまし、力づけていこうと。

（二一六〜二一七頁）

この実践では、「冒頭文」が決め手になります。冒頭の文章によって、ほぼその後のお話の展開の仕方が決まってくるからです。

子どもたちの男子・女子の組み合わせは、さほど問題にならないでしょうが、人数としては、話の長さや設定する場面との関係もあるでしょう。やはり多くても四人が限度ではないかと思われます。場合によっては、二人ないしは三人という組み合わせがあってもよいでしょう。

もう一つの「6　リレーしながら意見文を書く」の実践は、「問題提起に対して、各自の意見をリレーして書かせる」というものです。

次に掲げるのは、「親しい友だちをよんでするたん生会について」という論題のもとに行われた「リレー討論」です。

A　私は、おたん生会はやはり大ぜいでするのが一番だと思います。親しい友だちとだけやるのも、今まで以上に親しさがまして楽しいと思います。が、せっかくのおたん生会だから大ぜいよんで、友だちの輪を広げる方がより素晴らしいものになると思います。だから、私は、たくさんの人をよんでわいわいさわぐおたん生会が大好きです。

B　ぼくはそういう考えもいいと思います。でも、大ぜいといっても学級の中には、よばれた人とよばれない人がでてきます。A君とB君とC君はよばれたけど、D君はよばれなかったとする。そのためにD君がはらをたててけんかになったりすると、せっかくの楽しいおたん生会をしてもいい思い出にならないと思う。だから、ぼくは家族の人とした方がいいと思います。

C　私も親しい友とだけというのは、やめた方がいいと思います。それは、三原君と同じで『親しい人だけ』

という言葉で差別が生まれてくるからです。だからといってみんなよんだら、親にめいわくをかけてしまいます。だから、私は、おたん生をむかえた人を、ほんとうにおめでとうと思う人たちが計画をして、反対によぶようにしたらいいと思います。そしたら、差別もなく、むりのないおたん生会ができると思います。

D　今までのみんなの意見をまとめると、親しい友だけにかぎらず、たくさんの人でするたん生会が、いっそう楽しくなるという考え方が多かったようでした。私も、たん生会によばれなくて、いやな思いをしたことがあります。私のような経験をした人は多いと思います。だから私は、なるべくお金を使わないで、来たい人はみんな来ていいというようなおたん生会か、家族だけのおたん生会がいいと思います。

（二二二頁）

四人は、男女二人ずつです。それぞれの立場の違いと考え方の違いが絡み合っていて面白い討論になっていると思われます。このような問題で「リレー討論」をする場合には、あと一人か二人ぐらいまで人数を増やしてもよいかもしれません。

この他にも、考えられる「リレー討論」として、「本を読んだり、映画や音楽の鑑賞後の感想、学級内の出来事や問題に対する意見、動植物の観察日記など」が例として挙げられていて参考になります。

これまで、このような形の作文活動があまり見られなかったのも不思議と言えば不思議なことです。作文と言えば個人作業という思い込みが強すぎたのかもしれません。

これからは、こうした「リレー討論」形式での共同作文が双方向型作文学習として大いに実践されていってもよいでしょう。

3　従来型の作文学習を双方向型に変える
―四コマ漫画をリレー形式で〈お話〉に書き替える―

かつて私が主宰していた秋田作文授業づくりの会でまとめた『書き足し・書き替え作文の授業づくり』（『実践国語研究別冊』一九九六年二月、明治図書）の中に「マンガを作文にすると…コマの絵を文章で表現してみよう」（中学二年）という実践事例が収録されています。

四コマ漫画から〈お話〉づくりを行わせる実践は、かつてしばしば見受けることが出来ました。例えば、大村はまに「いきいきと話す」という実践があります。これは単元名が示すように話しことばの学習指導です。四コマ漫画「クリちゃん」を素材として取り上げて、コマごとに登場人物のセリフを考えさせ、そのセリフを用いて「生き生きと話すこと」の指導が行われています。この実践なども、それぞれの登場人物のセリフを役割分担して考えさせていけば、双方向型の作文活動ということになるでしょう。

この実践も、この四コマ漫画からの「書き替え作文」です。

指導計画は、次のようになっています。

①　例題の漫画「タローの思い出」を基にした指導（例文を読む・文章化のポイントをつかむ）（二時間） ②　本題の漫画「つうしんぼ」を基にした指導（コース選択・書き替え作文・発表の時間）（四時間） ※コースとは、文章化の際に、a　一コマを選ぶ、b　一列（四コマ）を選ぶ、c　全部を文章化する、d　二コマを選びコマとコマの間（描かれていない部分）も書くという四つのコースから、生徒が選択する学習のことである。

この計画からも分かるように、この実践では、「文章化」の作業は生徒一人一人に任されているようです。これは双方向ではありません。そこで、せっかく四コマ漫画を書き替えさせるのですから、これをリレー形式でやらせてみてはどうかというのが、私の提案です。

四コマ漫画は、いわば〈起承転結〉の構成になっていて、一見すると単純なお話の構成のようですが、その展開は、意外に起伏に富んでいて面白いのです。そこに、四コマ漫画の特徴があるのです。

これを四人一グループで〈お話〉に文章化させてみると、四人の思考をつなげ重ねて、意外な展開の〈お話〉が出現するはずです。それぞれの場面に、四人の生徒それぞれの発想の面白さが出てくるのです。

参考までに、この実践を見てみましょう。

後半の「本題の漫画『つうしんぼ』を基にコースを選び文章化する」指導です。

まず、次のような指示が出されています。

指示

今度は、本題の絵をもとに、描かれている場面を文章化してみましょう。ただし、次の四つのコースから自分でやってみたいと思うものを一つ選びなさい。

a　一コマを選ぶ（例題の練習と同じパターン）
b　一列（四コマ）を選ぶ（やや分量が増えます）
c　全部を文章化する（チャレンジしてみよう）
d　二コマを選びコマとコマの間（描かれていない部分）も想像して書く

書く材料を相談するために、同じコマ、同じ列などを選んだ人たちを、少数のグループにして学習を行います。できるだけ、細かなところまで絵をよく見て、材料を集めてください。

（一八八頁）

ここでは、「同じコマ、同じ列などを選んだ人たち」をグループに分けるということをしています。これは、「書く材料を相談する」ためのグループ作業です。これを一歩進めて、文章化する作業を分担するところまでやっていれば、双方向型の作文学習になっていたのです。

ともあれ、ある生徒が一人で文章化した作品を見ておきましょう。この作品は、「一列（四コマ）」を選択した生徒の作品です。

※漫画は生徒による。

夕食が終わっても、僕はまだ通信簿を見せていなかった。どちらかというと見られたくなかったので、なるべく話がそっちに行かないよう必死だった。「通信簿なんて、寝る前に見せて、あとは寝たふりしちゃえばいいんだ。ああ、どうか催促されませんように。」

僕が食事を終えて、テレビのチャンネルをつけようとして立ち上がったとき、ついにそれは来た。

「とおる、今日学校で通信簿もらったんじゃないの。」

とお母さん。僕は汚れたランドセルの中から通信簿を取り出し、しぶしぶちゃぶ台の上に置いた。お母さんの手が伸びて、それを開いたとたん顔色が変わった。

「まずいっ。」

思う間もなく、僕はしかられた。案の定、成績のことから普段の生活態度まで、話はどんどん発展していき、あげくの果てには友だちのことでまで説教されてしまった。僕は、肩身の狭い思いで座っていた。せっかくもらった図工の5だって、お母さんは全然ほめてくれなかった。お母さんには、国語や算数しか目に入らないのかなぁ…。

その時、お父さんが笑いながら話に入ってきた。

「まあまあ、お母さんもそんなにおこらなくたっていいじゃないか。おっ、図工が5じゃないか。すごいじゃないか。がんばったなぁ。とおるは図工が得意なのか?」

僕は、ほめられたのがとても嬉しかった。

「うん、まあね。」

「そうか、そうか。ワッハッハッ。」

お父さんは上機嫌だった。僕のお父さんは自動車整備士をしている。手先が器用で、昔は物を作ったり組み立てたりするのが好きだったと言っていたのを思い出した。きっと、そんなお父さんだったから、僕の図工の5を喜んでくれたのだろう。そんな、お父さんの笑い声を聞きながら、お母さんの顔は厳しかった。

「私たちの子どもだ。このくらいの成績で仕方ないじゃないか。何か一つでも、自慢できるものがあるっていいことだ。お父さんも、昔は2とか3ばっかりでな、お前と同じく図工だけはよかったもんだよ。」

それまで黙っていたお母さんの怒りが爆発した。

「あなたがそんなだから、とおるがこんな出来の悪い子になるんです! 一つくらいって言いますけど、図工なんかじゃなくて、もっと他の教科もがんばってくれないと。図工で世の中渡っていけませんよ。」

この言葉には、お父さんも黙っていなかった。

「図工なんかとは何だ。俺だって、こうして自動車整備士になっているじゃないか。それとも、お前は俺の仕事をバカにしているのか？」

「私はあなたをバカにしてるんじゃなくて…」

「うるさい！　バカにしてるじゃないか。」

話題がどんどんずれていく。ああ、どうしよう。

お父さんお母さんも泣きながらケンカしていた。テーブルのお皿は割れ落ちて、おみそ汁もひっくり返っていた。僕は責任を感じて、大きな声で泣きながら裸足で家を飛び出していった。（一八九〜一九〇頁）

一人の生徒でもこれだけの〈お話〉を書き上げるのです。グループの友達と相談をした結果、このように豊かな内容を想像することが出来たのだと思います。

これを、四人で一人一コマずつ分担して書いていったら、どんな〈お話〉が出来たでしょうか。一度試してみる価値はありそうです。

なお、リレー形式での作文活動は、前の人の書いたことを受けて、次の人が書きつなぐという方法です。そのため、一見すると、双方向の「伝え合う」活動とは異なるような印象を与えるかもしれません。しかし、前の人が書いた内容を受けて次の人が書いているので、ここにも書き手と読み手の間の双方向の活動が成立しているものと見なしてよいことになります。

4　双方向型作文学習の創造

―「ラジオドラマのシナリオ」づくりで双方向型作文学習―

双方向型作文学習の典型的な事例は、本書の中にもすでに存在しています。第十一章で取り上げておいた「連詩」づくりの学習です。

次に取り上げるのは、私がかつて提唱した双方向型作文学習を受けて鈴木雅子教諭（当時秋田県秋田市立飯島中学校教諭）が中学二年生を対象に実践してくれた事例です。

鈴木教諭の着眼は、「物語を作る」という活動を友達同士で「ラジオドラマのシナリオ」の形に仕立て上げるという趣向にあります。

(1)「シナリオ」制作のプロセス

「シナリオ」制作の条件は、ドラマの時間を長くても「十分程度」、一グループ「四人から五人程度」でテーマを決めて取りかかるというものです。

四人から五人のグループで、五分ごとに「リレー」していくというやり方でシナリオを書き進めていきます。

「指導計画（五時間）」は次のようになっています。

① シナリオの書き方についてのガイダンスを行う。（一時間）
② シナリオを制作する。（二時間）

③　シナリオの読み合わせを行う。　（一時間）
④　「ラジオドラマ」の発表を行う。　（一時間）

次のようなやりとりが行われています。

シナリオの書き方についてのガイダンスでは、まず、次のような「テーマ」が提示され、教師と生徒との間で次のようなやりとりが行われています。


『これは、ラジオドラマのテーマに関するものの例です。ラジオだから、劇のように動きはつけられません。その分、どのくらい声で表現できるかにかかってきます。セリフだけでなく、背景の説明や、その時の人物の様子も説明しなければなりません。』

「スポ根てなんだあ？」などとつぶやいている。

『当然みんなの発表は録音するから。ラジオだから。』

「ええっ？」動揺している。

◎　友情物語
◎　スポ根
◎　今まで読んだ作品の続編
◎　恋愛もの
◎　好きなあの歌にちなんで

恋愛ものについても意識して反応している。

『映画「ラジオの時間」の役者さんのようにやってみよう。』

ということで、とりあえず、グループを自由に作り、すぐにテーマを考えさせた。

推理小説のようなものを書きたいというグループ、友情をテーマにシリアスな話を作ろうとしているグループ、同じく友情ながらナンセンスギャグに走ろうとしているグループなど、様々である。


いよいよ、シナリオを書く作業が始まります。まず、次のようなプリントでシナリオの書き方についての説明が簡単に行われています。

台本例

ト書き	**ナレーション**	**セリフを書く**
陽　子	（陽子の部屋。ドリカムのバラードがかかっている。） 「ああ、今日も終わっちゃった。」 陽子は、中学校一年生。今日は春休みの最終日。あすから新学期になるのだ。 窓を開け、春の太陽の匂いがわずかに残る夕闇の風景を眺め、こうつぶやいた。	
母	（曲、低くなって消えていく。） 「陽子、ごはんよ！」	

シナリオの文章は、鈴木教諭の説明にあったように、特殊な書き方が要求されます。テレビドラマや舞台劇になれば、ほとんどの部分を人物の仕草や舞台背景によって示すことができます。シナリオでは、そうした部分も一応言葉で読み取れるように書かれています。

しかし、「ラジオドラマ」の場合には、文字通り、シナリオに書かれた通りの表現で視聴者に、登場する人物の仕草や性格、舞台背景など、ドラマの進行一切が理解出来るように仕立て上げなければなりません。

それだけに、生徒達には、このシナリオの書き方について、実際のシナリオなどをサンプルにして提供し理解させる必要があります。可能であれば、生徒達にお馴染みのテレビドラマの台本を示して、実際の映像とシナリオの部分との対応について検討させておくこともよいでしょう。

特に、「ト書き」や「ナレーション」の重要性については、映像との関係を押さえながら十分に理解させておく必要があるでしょう。

さて、鈴木学級でのシナリオ制作の進み具合を見ておきましょう。

作業の進め方は、グループの一人一人が一枚ずつシナリオを書くプリントを用意します。つまり、グループで相談して決めたいくつかのテーマについて、四人グループであれば、四人全員がそれぞれに思い思いのドラマ仕立てで書き始めるのです。

そして、五分経ったところで、お互いにプリントを次の人に回していくのです。したがって、最終的には、四人グループであれば四種類のシナリオが出来上がることになります。

始めは、なかなか筆が進まなかったようです。二番手の生徒になると、やっと五分の感覚をつかんでどんどん書き進められていったようです。三、四番手になると、これまでの話の内容に引き込まれながら、お腹を抱えて笑いながら楽しそうに書き進めていきます。

二十五分で全員に回り、四人のグループは、始めの生徒が二回目を書くということになります。

ここまでで作品を見ていくと、「一貫したテーマがあるもの」と「ギャグに走りすぎて何が何だかわからなくなっているもの」とがあって、作品の出来映えレベルはまちまちでした。

そこで鈴木教諭は、「おかしいなと思うところやもっとこうしたほうがよいと思うところ」を手直しさせています。さらに、鈴木教諭は、テーマから外れないこと、それと、他の人が読んでも「心が動かされるように書くこと」を心掛けていくように強調しています。

(2) 制作された「ラジオドラマ」のシナリオ作品

五人の女子生徒のグループで制作されたシナリオは、「友情」のテーマで制作されたものや、「アルバムの中から」というテーマで書かれたものなどがありました。五編全部を紹介することは出来ませんので、その中の一編を見ておきましょう。

次の作品は、「アルバムの中から」というテーマで制作されたものです。

ナレーター	今日は家族全員で大そうじをしていた。
	孫のつよしは、アルバムを整理していた。
つよし	「ねえ、おじいちゃん。この写真にかわいい犬がうつっている。もしかして昔、かってたの?」
きんじろう	「なつかしいのう。もう何年たつのかなあ。この犬は、わしの命の恩人じゃ。」
つよし	「命の恩人?」
きんじろう	「そうじゃ。まだ、やんちゃで少年時代のころ、思いも寄らない事件が起きてのう。」
	(過去を思い出す。)
ナレーター	その日、きんじろうは友達のかんたと、犬のベルといっしょに海に行った。
	空は、とてもよく晴れていた。
かんた	「きんじろう! 今度は、もっと向こうの方で泳ごうぜ。」
	(かんたは、向こうの方を指さす。)
きんじろう	「それじゃあ、そこまで競争だあ!」
ナレーター	二人は、思いっきり海で楽しんでいた。しかし、空はだんだん曇ってきていたのだった。

二人は海にもぐっていたため、まったく気づかずにどんどん遠くへと泳いで行った。
まさか、それが事件の始まりだとは、誰も予想できなかった。

きんじろう　「なんか、雲が出てきたぞ。そろそろもどろうぜ。」

かんた　「ちょっと待って。おれたちどっちから来たんだ？」

ナレーター　二人は遠くに行き過ぎて、方向を見失ってしまったのだった。
さらに、雨まで降ってきた。
二人は、泳ぐのは得意だったが、風や雨の強さでどんどん海に流されていった。
その時だった。
海岸で遊んでいたベル（犬）が二人の異変に気がつき、近くにいた人たちに、必死でほえてこのことを伝えようとしていた。
そして、ベルは、おぼれている二人の方を見てほえた。

ベル　「ワンワンワンワン。」

ある男の人　「どうしたんだ？　急に。」

ナレーター　それから、またベルはおぼれている二人の方を見て、必死でほえた。

ベル　「ワンワンワンワン。」

ナレーター　周りの人たちは、ベルの様子に気がつき、海の方をみた。
そして、二人の少年がおぼれているのに気がついた。

ある男の人　「大変だ！　男の子二人がおぼれているゾ。」（あわてている感じ。）

ナレーター　そして、きんじろうとかんたは、周りの人たちの協力で助けられた。

つよし　「おじいちゃん。その犬、今どこにいるの？」
きんじろう　「もう七十年前に病気でなくなったよ。ベルがなくなった時、わしは、目から涙が止まらなかったよ。」
つよし　「きっとその犬もおじいちゃんと離れたくなかったと思うよ。」
きんじろう　「ありがとう……。」
ナレーター　きんじろうは、ベルの写真を自分の胸に当てて、静かに泣いていた。

このシナリオが五人の生徒達でどのように分担されていたのかは、五分ごとの切れ目が示されていないので分かりません。しかし、ドラマの展開には、一貫性があって不自然さは少しも感じられません。前の人の考えた筋立てを踏まえて、まとまりのあるストーリーになっています。

共同で行われる「シナリオ」作りであるから、一時間のうちに一人で何度も〈書き手〉と〈読み手〉とを体験出来ます。また、〈読み手〉になった次の瞬間から直ちに〈書き手〉に回るために、読み手の立場を強く意識しながら書き継いでいくことになります。

グループの成員がお互いに、一時間のうちに〈読み手〉と〈書き手〉の両方の立場を体験することは、一人の生徒が交互に相異なる思考を働かせることになります。

双方向型の作文学習は、楽しみながらより複雑で創造的な思考に生徒を誘っているのです。

5　双方向型作文学習の意義

双方向型作文学習の意義は次のようにまとめることが出来ます。

◎　二人以上の複数の学習者が共同の作文活動を行うことを通して、お互いに楽しみながら〈書き手〉と〈読み手〉の二つの立場を交互に体験することができます。
◎　複数の学習者が交互に〈書き手〉と〈読み手〉の立場を体験することを通して、相互に干渉し合って創造的な思考を働かせることが出来ます。

あとがき

今回の本を通しての主要な提案は、「まえがき」にも述べておきましたように作文授業づくりにおける〔多様な作文ジャンルの活用〕と〔新題材の開発〕という二方面です。これらは、私が様々な機会に繰り返し訴えて来た提案ですから、取り立てて目新しいものではないかもしれません。

しかし、今日でもなお社会の要請や大人の思考の枠組みに囚われた建前だけの個性のない作文を書かせる指導が数多く行われています。子ども本来の豊かな発想を活かしてこそ、言葉を想像力豊かに駆使させ創造的な思考の陶冶を図っていくことができるはずです。そのためにも〔多様な作文ジャンルの活用〕と〔新題材の開発〕とは、なお今日的な課題といえると考えております。

〔新題材の開発〕という課題に関わることですが、今回採り上げられた実践事例の中に見られる題材は、子どもたちの現実の生活場面に取材した作文題材よりも、歴史上の人物が書いた手紙文に返事を書く、虚構としての歌詞のタイトルを触媒にして俳句創作に導く、他者の伝記的事実に取材して短歌を創作するといった空想・想像的なものがほとんどといってもよいと思います。

このような題材では、子どもたちの生活現実がないがしろにされているのではないかという批判が一部の人たちから出てきそうです。しかし、案ずることはないのです。むしろ、これらの実践事例では、子どもたちの自由な想像力を解放させることで、子どもたちの日常の生活体験や生活の真実が伸びやかに表現されているからです。

五・七・五という短詩形の枠組みの中に空想・想像的な題材を取り入れることで、子どもたちはそこに自分たちの生活体験や生活実感を投影させて、自らの生活現実を見つめ直しています。

私が試みた「フォト俳句づくり」の授業でも、対象を限定した写真映像を触媒としてそこに自分の心情や心象、自分がかつて見た風景などを投影させて俳句を創っています。

また、この本では、俳句や短歌、詩などの韻文の創作を取り上げた作文授業をいくつも紹介しています。「俳句から物語を作る作文」や「パロディ短歌づくり」、四人一組による「連詩づくり」の実践事例も取り上げられています。これらの実践を通して作られた作品は決して目を見張るような優れたものとは言えないかもしれません。指導者の先生方もそのような上手に書けた俳句や短歌、詩や物語、広告・宣伝コピーなどの作品を求めて指導しているのではないのです。そこで求められていたのは、子どもたちの他人の心を推し量る豊かな感性や鋭い語感、躍動感に溢れた表現感覚、想像力豊かにのびのびと表現する力です。

「まえがき」にも触れておきましたが、私は、今回の本で取り上げた実践事例の中で指導者が求めていたのは、論理言語と文学言語の両面から開拓された多様な作文ジャンルによって陶冶される思考というものではないかと考えました。これを私はひと言で《修辞的思考》という概念で表したいと考えています。《修辞的思考》とは、情理を尽くして考えを巡らすこと、すなわち柔軟でしなやかな思考のことです。

これまで私自身が提唱してきたところの「コピー作文の授業」（第一章）、「フォト俳句づくりの授業」（第七章）、「鑑賞文・批評文を書くことの授業」（第十三章）、「双方向型作文学習の授業」（第十四章）などは、意識してこのような修辞的思考力や説得的・創造的な表現能力の陶冶を目指したものです。

今回の本では、文末を〈です・ます〉とする話体の文体を採用しました。過去の私の著作でも二度この文体を採用しています。この文体の効用について、私は大学院時代の恩師であった井上尚美先生に教えていただきました。井上先生は、文章の文末を〈です・ます〉にすると文全体がより平易なものになると述べられたのです。

その理由として井上先生は、〈です・ます〉という丁寧な語調に合わせて必然的に一文の中で使用される外の語句もより噛み砕かれたものにしようとする意識が働いて文全体を自ずと平易なものにするのですと述べられました。私は大学院時代に文体論の研究も行っていましたので、井上先生のこのようなお考えにはとても共感を抱かされました。それで、後年、国語科の授業づくりに関する著作をまとめる時にこの〈です・ます〉の話体の文体を採用してみることにしたのです。授業は大変複雑な現象ですからこれを可能な限り平易な記述で書き表すことが求められます。

なお、授業研究に際しては授業記録の在り方が重要な課題となってまいりました。私もひと頃授業記録の記述方法に関して研究を行ったことがありました。その時に出会ったのが藤岡信勝氏が提唱されていた「ストップモーション方式の授業記録」という記述方法でした。私自身もこの記述方法によって授業記録をまとめて雑誌に度々掲載して頂いたことがありました。それで、この本の中でも三本の「ストップモーション方式の授業記録」を採り上げさせて頂きました。二本は私自身が記述したもので、他の一本は私の授業を大学院生の方が記述してくれたものです。

これらの授業記録も複雑な授業の現象を努めて分かりやすく見えやすいものとするための一つの試みとして御理解頂ければ幸いです。

本書の各章の初出は、次の著作・論考に基づいています。ただし、本書に収めるに際して大幅な加除・修正を施しています。

一　「コピー作文」の授業づくり
（『新しい作文授業　コピー作文がおもしろい』一九九七年七月、学事出版、『コピー作文の授業づくり―新題材38の開発』一九九八年一月、明治図書）

ストップモーション方式による授業記録　京野真樹教諭による「コピー作文」の授業
「竿灯の見どころはココだ！　―竿灯おすすめポイントをコピー作文で―」（小三・国語）
（『授業づくりネットワーク』一五三号、一九九九年一月号）

二　「一行詩」アラカルト作文の授業
（『授業づくりネットワーク』一一二号、一九九六年八月号）

三　虚構の要素を取り入れた「手紙文」作文―「恋文」は死語ではなかった！―
（『授業づくりネットワーク』一一四号、一九九六年八月号）

四　「行事作文」の授業づくり
（『授業づくりネットワーク』一一一号、一九九六年七月号）

五　俳句から物語を作る作文の授業―「俳句物語」づくり―
（書き下ろし）

ストップモーション方式による授業記録　大内善一氏による「書き替え作文」の授業
単元「俳句の国からの贈りもの―『天国はもう秋ですかお父さん』―」（小五・国語）
（『授業づくりネットワーク』一〇九号、一九九六年六月号、所収）

六　フィクション俳句づくりの授業

七　（書き下ろし）
「フォト俳句」づくりの授業
（書き下ろし）

八　小学校全学年での短歌づくりの授業―「だれにでも易しい」短歌づくりの証明―
（国際啄木学会盛岡支部会報『MORIOKA』三〇号、二〇二一年三月）

九　「パロディ短歌」づくりの授業
（書き下ろし）

十　「虚構の詩」づくりの授業
（『授業づくりネットワーク』一四五号、一九九八年八月号）

十一　「連詩」づくりの授業
（『伝え合う力」を育てる双方向型作文学習の創造』二〇〇一年三月、明治図書）

十二　「方言詩」づくりの授業
（書き下ろし）

十三　「鑑賞文」と「批評文」を書くことの指導にどう対応するか
（『鑑賞したことを文章に書くこと』の指導にどう対応するか」教育実践学会編『教育実践学研究』第十四号、二〇一〇年三月）（「批評文を書くことの指導にどう対応するか」茨城国語教育学会編『茨城の国語教育』第十一号、二〇一〇年二月）

ストップモーション方式による授業記録

中村麻里那教諭による「批評文を書く」授業

単元「写真メディアの批評文を書く―写真コンクールの審査員になろう―」（中三・国語）（書き下ろし）

十四　双方向型作文学習の授業づくり

（『「伝え合う力」を育てる双方向型作文学習の創造』二〇〇一年三月、明治図書）

最後になりましたが、この本の刊行に際して、今回も溪水社社長の木村逸司氏には格別の御高配を賜りました。また、木村斉子氏には大変行き届いた校正をしていただきました。溪水社さんからは、これまでに本書を含めて単著で六冊、編著で五冊の本を刊行して頂きました。その度に大変行き届いた御配慮を頂戴しました。末筆ながら心より御礼を申し上げます。

二〇二二（令和四）年七月三十一日

大内善一

〈著者紹介〉

大　内　善　一（おおうちぜんいち）

【略　歴】

昭和22（1947）年２月20日、茨城県に生まれる。教育学博士。茨城大学名誉教授。

東京学芸大学教育学部国語科卒業後、国公立小学校、中学校教員を経て東京学芸大学大学院教育学研究科修士課程国語教育専修修了。秋田大学教育文化学部教授、茨城大学教育学部教授を経て、平成24年３月、茨城大学を定年により退職。同年４月～29年３月まで茨城キリスト教大学特任教授。同年４月～令和２年まで同大学兼任講師。国語科教育学専攻。日本学術会議教科教育学研究連絡委員会委員、文部省「中学校学習指導要領（国語）作成協力者」、文部科学省「教科書の改善・充実に関する研究」専門家会議【国語】委員等を務める。

【所属学会】

全国大学国語教育学会（常任理事・全国理事・編集委員長）、日本国語教育学会（全国理事）、日本言語技術教育学会（会長・常任理事）、茨城国語教育学会（会長）、日本教育技術学会（理事）、表現学会（編集委員）等を務める。

【単　著】

単著『戦後作文教育史研究』（昭和59年、教育出版センター）、『国語科教材分析の観点と方法』（平成２年、明治図書）、『発想転換による105時間作文指導の計画化』（平成３年、明治図書）、『戦後作文・生活綴り方教育論争』（平成５年、明治図書）、『思考を鍛える作文授業づくり』（平成６年、明治図書）、『「見たこと作文」の徹底研究』（平成６年、学事出版）、『作文授業づくりの到達点と課題』（平成８年、東京書籍）、『「伝え合う力」を育てる双方向型作文学習の創造』（平成13年、明治図書）、『国語科教育学への道』（平成16年、溪水社）、『国語科授業改革への実践的提言』（平成24年、溪水社）、『昭和戦前期の綴り方教育にみる「形式」「内容」一元論』（平成24年、溪水社）、『国語教師・青木幹勇の形成過程』（平成27年、溪水社）、『修辞的思考を陶冶する教材開発』（平成30年、溪水社）

【単編著・共編著】

編著『「白いぼうし」の教材研究と全授業記録』（平成４年、明治図書）、『国語教育基本論文集成』（第８巻、第９巻、平成６年、明治図書）、『戦後国語教育実践記録集成［東北編］』全16巻（平成７年、明治図書、『書き足し・書き替え作文の授業づくり』（平成８年、明治図書）、『新しい作文授業・コピー作文がおもしろい』（平成９年、学事出版）、『コピー作文の授業づくり―新題材38の開発―』（平成10年、明治図書）、『国語科メディア教育への挑戦［中学校編］』第３巻（平成13年、明治図書）、『中学校国語科教育CD-ROM授業実践資料集（第三巻）』（平成16年、ニチブン）、『子どもが語り合い、聴き合う国語の授業』（平成18年、明治図書）、『子どもの「学び方」を鍛える』（平成21年、明治図書）、『論理的思考を鍛える国語科授業方略』〔小学校編〕〔中学校編〕（平成24年、溪水社）、『文章の内容・形式を一体的に読み取る国語科授業の創造』〔小学校編〕〔中学校編〕（平成25年、溪水社）、『実践的指導力を育む大学の教職課程』（平成27年３月、溪水社）他。

作文授業づくり・新生面の開拓

～多様な作文ジャンルの活用と新題材の開発～

令和４年８月31日　発　行

著　者　大　内　善　一

発行所　株式会社　溪水社

広島市中区小町1-4

電話　082(246)7909／FAX　082(246)7876

email：info@keisui.co.jp

URL：www.keisui.co.jp

ISBN978-4-86327-599-7 C3081

大内善一先生　既刊書好評発売中

修辞的思考を陶冶する教材開発

大内善一著　レトリカルな思考の陶冶を目指し、〈読本的な性格〉がまとわりつく国語科読解教材に代わる〈読解スキル〉指導のための教材を開発する。四六判並製 200 頁　2,000 円＋税　ISBN978-4-86327-438-9

国語教師・青木幹勇の形成過程

大内善一著　昭和期から平成期に及ぶ 30 年の歳月を費やして持続的・継続的に続けられてきた青木幹勇の実践研究の構築解明を試みる。A 5 判上製 402 頁　6,000 円＋税　ISBN978-4-86327-291-0

昭和戦前期の綴り方教育にみる「形式」「内容」一元論

――田中豊太郎の綴り方教育論を軸として――

大内善一著　田中豊太郎の 20 年に及ぶ綴り方教育論を克明に辿りつつ、彼が究明していった「表現」という概念の解明を試みる。A 5 判上製 536 頁　6,800 円＋税　ISBN978-4-86327-202-6

国語科授業改革への実践的提言

大内善一著　平成 13 ～ 23 年度「茨城県国語指導者筑波研修会」において 11 回を数える講演記録の中から 9 回分を収録。国語科授業づくりに関しての思いや実践をつづる。A 5 判並製 294 頁　2,800 円＋税 ISBN978-4-86327-168-5

国語科教育学への道

大内善一著 「表現教育史論・表現教育論」「理解教育論―教材論・教材化論・教材分析論」「国語科授業研究論―授業構想論・授業展開論・授業記録論」の 3 部構成で形式・内容の二元対立を止揚。A 5 判上製　8,000 円＋税 ISBN978-4-87440-810-0

文章の内容・形式を一体的に読み取る国語科授業の創造 〈小学校編〉〈中学校編〉

大内善一・渡邊洋子・茨城・秋田の国語教育架け橋の会編　文章の叙述・記述形式面と叙述・記述内容面とを一体的に指導していく国語科授業創りの提案を行う。

〈小学校編〉A 5 判並製 246 頁　2300 円＋税　ISBN978-4-86327-239-2

〈中学校編〉A 5 判並製 150 頁　1800 円＋税　ISBN978-4-86327-240-8